Beck'sche Schwarze Reihe
Band 301

Umweltpolitik am Scheideweg

Die Industriegesellschaft zwischen Selbstzerstörung und Aussteigermentalität

Herausgegeben von
Volker Hauff und Michael Müller

VERLAG C.H. BECK MÜNCHEN

CIP-Kurztitelaufnahme der Deutschen Bibliothek

Umweltpolitik am Scheideweg : d. Industriegesellschaft zwischen Selbstzerstörung u. Aussteigermentalität / hrsg. von Volker Hauff u. Michael Müller. – München : Beck, 1985.
(Beck'sche Schwarze Reihe ; Bd. 301)
ISBN 3 406 30864 3

NE: Hauff, Volker [Hrsg.]; GT

ISBN 3 406 30864 3

Einbandentwurf von Rudolf Huber-Wilkoff, München
Umschlagbild: Süddeutscher Verlag, München

Gesamtherstellung: Appl, Wemding
Printed in Germany

Inhalt

Zweiter Teil: Praktische Schritte

Volker Hauff/Michael Müller

Vorwort

Das dramatische Waldsterben, die Schließung der Dioxin-Fabrik in Hamburg und alltägliche Gefährdung durch Chemie im Haushalt machen beispielhaft die Gefahren der heutigen industriellen Entwicklungsdynamik deutlich.

Die Mängel und Grenzen des Reparaturbetriebes, der sich Umweltschutz nennt, sind offenkundig geworden. Die Umweltschutzpolitik mit fragwürdigen Grenzwerten und Schadensbegrenzungsstrategien hinkt in wachsendem Abstand der Umweltzerstörung hinterher. Die getrennte Betrachtung z. B. von Luft oder Wasser hilft nicht weiter, wir brauchen ein umfassendes Verständnis für die Sicherung der ökologischen Regelkreisläufe, von denen nicht zuletzt die Existenzbedingungen der Menschen abhängig sind.

Wir stehen heute vor grundlegenden Weichenstellungen über die Zukunft der Industriegesellschaft. Weder die Fortsetzung des bisherigen Wachstumsmodells noch Ausstieg oder Widerstand gegen das Industriesystem sind tragfähige Pfade für die weitere Entwicklung unserer Gesellschaft. Die alten Wachstumsschemata und die vorherrschende Wirtschaftspolitik können die Probleme nicht lösen und keine humane Zukunft eröffnen.

Wir brauchen eine gestaltende, vorausschauende Politik in gesellschaftlicher Verantwortung, weil nur so die Sicherung der Umwelt *und* die Verbesserung der Beschäftigungslage erreicht werden können. Andernfalls droht uns immer wieder ein Buschhaus, das die Umwelt belastet und zudem Arbeitsplätze nur mit einer volkswirtschaftlich fragwürdigen Subventionierung sichern kann. Die notwendige Verbesserung der Umweltbedingungen ist kein isolierter Teilbereich der Politik, denn die Umweltkrise ist Ergebnis einer ökonomischen Entwicklung, die auch zu einer hohen Arbeitslosigkeit geführt hat und die soziale Solidarität unserer Gesellschaft erschüttert.

Auf Dauer sind die Sicherung der natürlichen Lebensgrundlagen, die Lösung der schwerwiegenden Beschäftigungsproblematik, die Bewahrung der sozialen Sicherung und die menschengerechte Steuerung der Technikentwicklung nur mit einer Gesellschaftspolitik möglich, die in die ökonomische Entwicklung eingreift und soziale und ökologische Korrekturen am Industriesystem vornimmt. Wir stehen vor der Jahrhundertaufgabe, eine neue gesellschaftliche Rationalität zu entwickeln. Unser politisches Ziel ist ein stabiler Wirkungszusammenhang zwischen der Schaffung von sinnvollen neuen Beschäftigungsmöglichkeiten, der Verwirklichung sozialer Gerechtigkeit und der Bewahrung einer lebenswerten Umwelt.

Dieses Buch will zu dieser Herausforderung sowohl grundsätzlich beitragen wie auch mit praktischen Beispielen einen Beitrag zur notwendigen Diskussion leisten, dabei auch über neue, vielleicht utopisch erscheinende Vorschläge informieren und zur kontroversen Auseinandersetzung anregen.

Erster Teil: Der neue Kurs

Ernst Breit

Umweltschutzinvestitionen als Grundlage des qualitativen Wachstums

Bestehende Umweltbelastungen zu verringern und künftige Umweltschäden zu verhindern, liegt im Interesse der Arbeitnehmer. Aber im Interesse der Arbeitnehmer liegt es angesichts eines Jahrzehnts Massenarbeitslosigkeit mit Sicherheit auch, vorhandene Arbeitsplätze zu erhalten und neue zu schaffen. Unter diesen Voraussetzungen hat der Deutsche Gewerkschaftsbund sein Schwerpunktprogramm Umweltschutz formuliert und seine Grundsatzpositionen zu „Umweltschutz und qualitativem Wachstum" festgelegt.

Umweltschutzinvestitionen können einen qualitativen Wachstumsprozeß einleiten, der sowohl Arbeit schafft als auch dem dringenden Bedarf nach Verbesserung und Erhaltung der Arbeits- und Lebensbedingungen gerecht wird, dem Schutz der natürlichen Lebensgrundlagen dient und darüber hinaus eine Chance für die Ansiedlung neuer und zukunftssicherer Arbeitsplätze bietet.

I. Umweltpolitik und Arbeitnehmerinteresse – eine Herausforderung

Erfolge und Versäumnisse der Umweltpolitik sowie gestiegenes Umweltbewußtsein in der Bevölkerung haben Umweltschutz zu einem Schlüsselthema der Politik werden lassen. Die in den 70er Jahren von der sozial-liberalen Regierung angelegte Umweltpolitik hatte die Intention, Gefahren abzuwehren und ausreichend Vorsorge zu leisten. Sie hatte zwar einige Erfolge innerhalb des letzten Jahrzehnts zu verzeichnen, trotzdem müssen wir heute zur Kenntnis nehmen, daß die Umweltpolitik in der Praxis sich mehr im Bereich der Gefahrenabwehr als der Vorsorge bewegt. Giftmüllskandale wie in Hamburg, Bodenverseuchungen durch Schwermetalle in der Umgebung von Metallhütten (Stolberg, Nordenham, Ocker-Harlingerode und Hamburg), das Artenaussterben, das katastrophale Ausmaß des Waldsterbens sowie umweltbedingte Erkrankungen der Atemwege und erhöhte Krebsrisiken sind nur einige Beispiele dafür. Die Umweltpolitik erweckt deshalb manchmal den Eindruck, als ob sie wie die Feuerwehr von einem Brandherd zum anderen hetzt, um ein auflodernde s Feuer zu löschen.

Eine solche sprunghafte Umweltpolitik erzeugt wirtschaftliche, soziale und politische Spannungen. Eine Verstetigung dieser Umweltpolitik ist deshalb angesagt. Erfolge sind in dem Maße zu erwarten, wie es gelingt, langfristig Wirtschafts-, Arbeitsmarkt- und Umweltpolitik miteinander zu verbinden. Die Lösung liegt hier sicherlich nicht in kurzfristigen Konjunkturprogrammen, wohl aber in langfristig angelegten Investitionsprogrammen mit Schwerpunkt im Umweltschutz als einem der zentralen Felder qualitativen Wachstums. Langfristig angelegte und geplante Umweltinvestitionen helfen Konflikte zu vermeiden und eröffnen Spielräume für umweltpolitische Entscheidungen und wirtschaftliche Entwicklung. Kalkulierbare Planungszeiträume sind dabei nötig, vor allem wenn es um die Frage geht, was mit den Arbeitsplätzen geschieht, wenn aus Gesundheits- oder Umweltgründen Produktionseinschränkungen oder Produktionsumstellungen notwendig sind.

Die Gewerkschaften haben immer auch die Folgen umweltpolitischer Entscheidungen und die damit verbundenen Probleme zu berücksichtigen, wie es bei dem krebserzeugenden Asbest durch die Entwicklung von Stufenplänen erfolgreich praktiziert wurde. Nur durch rechtzeitige Entwicklung und Einsatz von Ersatzstoffen sowie umweltverträglichen Technologien kann das Gesundheits- und Umweltrisiko in den Betrieben verringert werden.

Gleichzeitig bringt dies eine wettbewerbsfähige Ersatzstoffproduktion mit sich und schafft damit umweltgerechte, zukunftssichere Arbeitsplätze.

II. Umweltschutzinvestitionen – ein Beitrag zum qualitativen Wachstum

Die Einsicht in die Notwendigkeit eines verstärkten Umweltschutzes ist über alle Parteigrenzen hinaus gewachsen. Selbst bei der bisher eher bremsenden Industrie ist eine Neubesinnung festzustellen, wie man der Äußerung des Bundesverbandes der Deutschen Industrie aus der Umweltbroschüre vom November 1984 entnimmt. Es heißt dort aus der industriellen Sicht: „Die dauerhafte Erhaltung und Verbesserung der natürlichen Lebens- und Produktionsgrundlagen liegt im vitalen Interesse der Industrie. Denn ohne Umweltschutz verschlechtern sich Lebensqualität und Produktionsbedingungen." Trotzdem bleiben Umfang, Geschwindigkeit und Finanzierung von Umweltschutzinvestitionen und -maßnahmen von ihrer Planung bis zu ihrer Durchsetzung Gegenstand wirtschaftlicher und gesellschaftlicher Interessenkonflikte.

Auf der anderen Seite ist nach wie vor eine anhaltende hohe Arbeitslosigkeit zu verzeichnen. Anfang 1985 gibt es rund 2,6 Millionen Arbeitslose – ein trauriger Rekord. Mit dem vielbeschworenen Aufschwung ist es nicht gelungen, die Arbeitslosigkeit nachhaltig zu senken.

Wenn einerseits im Bereich des Umweltschutzes viele wichtige Aufgaben auf Erledigung und andererseits Millionen Menschen auf Arbeitsmöglichkeiten warten, dann drängt sich der Gedanke auf, Umweltschutz und beschäftigungspolitische Maßnahmen im Rahmen einer aktiven Wirtschafts-, Arbeitsmarkt- und Umweltpolitik miteinander zu verbinden. Ich bin davon überzeugt, daß die gesellschaftlichen Grundprobleme Arbeitslosigkeit und Umweltzerstörung gleichzeitig und mit einer gemeinsamen Strategie bekämpft werden können.

Der DGB schließt mit seiner Konzeption „Umweltschutz und

qualitatives Wachstum" an das 1981 vorgeschlagene Investitionsprogramm an. Die prinzipiellen Ansatzpunkte zur Wiederherstellung der Vollbeschäftigung – die Beschleunigung des qualitativen Wachstums, die Verkürzung der Arbeitszeit und die soziale Beherrschung der Produktivitätsentwicklung haben nichts an Aktualität verloren.

Der DGB schlägt ein „Schwerpunktprogramm Umweltschutz" als langfristiges Umwelt- und beschäftigungssicherndes Investitionsprogramm vor, das Arbeitsplätze sichert und schafft, entstandene Investitionslücken schließt, Anstöße für private Investitionen gibt und zur Lösung der dringenden Zukunftsaufgaben beiträgt. Dabei können Umweltschutzinvestitionen einen qualitativen Wachstumsprozeß einleiten, der sowohl Arbeit schafft als auch dem dringenden Bedarf nach Verbesserung und Erhaltung der Arbeits- und Lebensbedingungen gerecht wird, dem Schutz der natürlichen Lebensgrundlagen dient und darüber hinaus eine Chance für die Ansiedlung neuer und zukunftssicherer Arbeitsplätze bietet.

Umweltschutzinvestitionen als Grundlage des qualitativen Wachstums haben in vieler Hinsicht positive Auswirkungen im Sinne einer aktiven Gestaltung der Zukunft. Ich möchte im folgenden hierfür einige Beispiele anführen:

Umweltschutzinvestitionen zum Schutz der Gesundheit

Meist wird übersehen, daß Arbeitnehmer durch Umweltbelastungen besonders betroffen sind. Sowohl am Arbeitsplatz als auch im Wohn- und Freizeitbereich haben sie die Folgen von unterlassenem Umweltschutz zu tragen und sind dadurch in ihrer Gesundheit besonders gefährdet. Die Auswirkungen des unzureichenden Umweltschutzes in Form von arbeitsbedingten Erkrankungen, Berufsunfähigkeit, Frühinvalidität, Allergien, erhöhtem Krebsrisiko, Lungen- und Bronchialleiden werden in öffentlichen Diskussionen nicht gebührend berücksichtigt. Umweltschutzinvestitionen sind deshalb wesentlicher Teil einer vorbeugenden Gesundheits- und umfassenden Sozialpolitik.

Umweltschutzinvestitionen zum Schutz bedrohter Arbeitsplätze

Gefahren für Arbeitsplätze treten häufig dann auf, wenn sich jahrelang umweltpolitische Versäumnisse aufstauen und nicht mehr oder nur noch unter untragbaren Aufwendungen korrigiert werden können.

Konflikte zwischen außergewöhnlich starker Umweltbelastung und außergewöhnlich großen regionalen Beschäftigungsproblemen hat es wiederholt gegeben. Sie müssen in Zukunft durch rechtzeitige umweltpolitische Vorkehrungen vermieden werden.

Werden nicht alle Anstrengungen zur vorbeugenden Vermeidung solcher Konfliktsituationen zwischen Umweltschutz und Beschäftigungssicherung getroffen, entstehen „entweder/oder – Situationen". Das heißt: Entweder wird die Umwelt überbelastet oder Arbeitsplätze gehen verloren.

Daß Gefahren für Arbeitsplätze weniger vom Umweltschutz, sondern von unterlassenem Umweltschutz ausgehen, zeigt auch die Sachlage beim Waldsterben. Durch unzureichende Luftreinhaltemaßnahmen stehen im Falle eines ungebremsten Waldsterbens Hunderttausende von Arbeitsplätzen in der Forst- und Holzwirtschaft und in den Fremdenverkehrsregionen auf dem Spiel. Vorbeugende Umweltschutzinvestitionen sind deshalb auch als Teil einer Politik der Arbeitsplatzsicherung anzusehen.

Umweltschutzinvestitionen zur Schaffung neuer Arbeitsplätze

Erhebliche positive beschäftigungsfördernde und beschäftigungssichernde Wirkungen des Umweltschutzes werden mittlerweile durch eine Vielzahl vorliegender Studien bestätigt.

Legt man die neuesten Schätzungen des IFO-Instituts für Wirtschaftsforschung zugrunde, so weist die Zahl der durch Umweltschutz direkt oder indirekt beschäftigten Arbeitnehmer – trotz unzureichender Umweltschutzmaßnahmen – eine deutliche Steigerung auf. Ihre Zahl stieg seit 1975 von 280000 auf 380000 im Jahre 1980 an und beträgt ca. 410000 im Jahre 1984.

Auch die Bundesregierung hat im Juni 1984 auf der internationalen Konferenz „Umweltschutz und Wirtschaft" der OECD in Paris diese positive Beschäftigungswirkung bestätigt. Demnach führt allein die Umsetzung der Großfeuerungsanlagenverordnung, d.h. die Entschwefelung und Stickoxidminderung bei den Kraftwerken, zu einem Beschäftigungsvolumen von ca. 295 000 Personen in einem Jahr, oder entsprechend verteilt auf mehrere Jahre. Mit Abschluß der Baumaßnahmen stehen dann für den Betrieb der Rauchgasreinigungsanlagen ca. 14 000 Dauer-Arbeitsplätze zur Verfügung.

Lange Zeit wurde Umweltschutz als „Job-Killer" bezeichnet, in Kenntnis der vorliegenden Zahlen und Fakten wäre es heute eher angebracht, Umweltschutz als „Job-Knüller" zu bezeichnen.

Umweltschutzinvestitionen zur Vermeidung und Sanierung von Umweltschäden

Zur Vermeidung und Sanierung von Umweltschäden sind erhebliche private und öffentliche Umweltinvestitionen notwendig, denkt man z.B. an die von der OECD geschätzten Schäden durch Luftverschmutzung von 3 bis 5% des Bruttosozialprodukts, was für die Bundesrepublik jährlich 40 bis 70 Milliarden DM an volkswirtschaftlichen Verlusten darstellt.

Diesen Schäden stehen Aufwendungen für den Umweltschutz von ca. 1,5% des Bruttosozialprodukts (insgesamt 25 Milliarden DM) gegenüber. Damit bleibt die Bundesrepublik weit hinter den USA und Japan zurück, die mehr als 3% ihres Bruttosozialprodukts zur Vermeidung von Umweltschäden ausgeben. Trotz dieser hohen Umweltschutzinvestitionen ist Japan zu einer wettbewerbsfähigen Industrienation aufgestiegen und ist heute führend im Bereich der Umwelttechnologien. Hierdurch ist Japan im Besitz beachtlicher Wettbewerbsvorteile auf diesem Gebiet.

Seit Anfang der 70er Jahre investieren Staat und Privatfirmen in der Bundesrepublik rund 190 Mrd. DM in den Umweltschutz. Angesichts der jüngsten Smog-Situation im Ruhrgebiet und angesichts des katastrophalen Waldsterbens fällt es schwer, diesen Umweltinvestitionen einen durchschlagenden Erfolg zu bescheinigen. Jedoch stellt sich die erschreckende Frage: Wie würde es erst um unsere Gesundheit, unsere natürlichen Lebensgrundlagen und Produktionsgrundlagen heute bestellt sein, wären diese 190 Mrd. DM *nicht* für den Umweltschutz ausgegeben worden?

III. Handlungsfelder: Vorbeugende Umweltschutzmaßnahmen und Sanierung von Altlasten

Gemessen an den vielfältigen Umweltproblemen eröffnet sich ein breites Spektrum an Umweltschutzinvestitionsbereichen zur Durchführung dringend notwendiger Umweltschutzinvestitionen für saubere Luft, zum Schutz der Gewässer, zum Schutz des Bodens, zur Lärmbekämpfung, zur Energieeinsparung, zur Förderung von Umwelttechnologien, zur Umweltüberwachung und Umweltplanung sowie zur Wohnumweltverbesserung.

– Wirksame Luftreinhaltung erfordert Maßnahmen in den Bereichen Industrie, Kraftwerke und Verkehr.

– Zur Wasserreinhaltung sind Maßnahmen bei Kläranlagen, Abwassereinleitungen und Gewässersanierung durchzuführen.

– Die Bereiche rationelle Energieverwendung und Energieeinsparung erfordern Maßnahmen zur Fernwärmeversorgung, Abwärmeverwertung und Wärmedämmung.

– Bei der Abfallbeseitigung sind es Maßnahmen zur Sanierung von Altlasten, Sondermülldeponien, Abfallbeseitigungs- und Wiederverwertungsanlagen.

– Der Natur- und Landschaftsschutz erfordert Maßnahmen zur Erhaltung der Artenvielfalt, Landschaftsverbrauch und Rekultivierung.

– Die Förderung von Umwelttechnologien umfaßt Forschung und Entwicklung von emissionsarmen, abfallarmen und schadstoffarmen Umwelttechnologien.

– Die Umweltüberwachung und Umweltplanung umfaßt die Erstellung von Luftreinhalteplänen und -katastern, Verstärkung der Überwachungskräfte.

– Wohnumweltverbesserungen umfassen Lärmschutzanlagen, Lärmsanierung, Einrichtung von Grünflächen und Verkehrsberuhigung.

IV. Finanzierung der Umweltschutzinvestitionen

Die vom DGB geforderten Umweltinvestitionen sollen – je nach Art der jeweiligen Maßnahme – in erster Linie durch die Verursacher finanziert werden. Dem Verursacherprinzip wird eindeutig Vorrang eingeräumt, weil diejenigen zur Verhinderung oder Beseitigung von Umweltschäden herangezogen werden sollen, die die Umwelt belasten.

Um die Umweltlasten aus der Vergangenheit zu beseitigen, reicht allerdings das Verursacherprinzip nicht aus; sowohl das Verursacher- als auch das Gemeinlastprinzip werden von daher als Finanzierungsmethoden erforderlich, die zur Verminderung der Umweltbelastung und zur Mehrbeschäftigung führen.

Hinzu müssen als umweltpolitische Steuerungsinstrumente entsprechende Abgaben (z. B. Schadstoffabgabe) treten, mit deren Hilfe die entsprechenden Investitionen beschleunigt werden.

Für die aus öffentlichen Mitteln aufzubringende Finanzierung von Umweltinvestitionen stehen dieselben Finanzierungsquellen wie für das gesamte Investitionsprogramm zur Beschleunigung des qualitativen Wachstums des DGB zur Verfügung, da die Finanzierungsquellen vom Volumen her (einschließlich der Selbstfinanzierungseffekte) für das gesamte Vollbeschäftigungsprogramm ausreichen.

Zusammenfassend ergibt sich:

Umweltschutz und Vollbeschäftigung sind notwendig zur Wiederherstellung der natürlichen Lebensgrundlagen wie der sozialqualitativen Gestaltung unseres Lebens.

Umweltschutz ist notwendig und unverzichtbare Voraussetzung dafür, daß auf lange Zeit Wirtschaften überhaupt möglich bleibt. Durch Umweltschutz wird die Umstrukturierung von Produktion und Konsum im Sinne eines qualitativen Wachstums bewirkt.

Jo Leinen

Den Tanker „Industriegesellschaft" auf neuen Kurs bringen

I. Gegen Umweltzerstörung und Arbeitslosigkeit

Die Lage ist paradox: alle reden vom Umweltschutz, trotzdem verschlechtert sich die Umweltsituation immer noch; alle reden von Vollbeschäftigung, aber die Massenarbeitslosigkeit bleibt erhalten.

Die beiden drängenden Zeitprobleme „Umweltverschmutzung und Arbeitslosigkeit" machen Fehlentwicklungen des Industriesystems wie der Marktwirtschaft deutlich. Wie schon so oft in der Vergangenheit wird von interessierter Seite der Versuch unternommen, diese gesellschaftlichen Konflikte und Verteilungsprobleme zu entpolitisieren. Die Arbeitslosigkeit wird oft als ein individuelles Versagen und Schicksal hingestellt, die Umweltzerstörung als eine notwendige Begleiterscheinung der industriellen Entwicklung und des Wohlstands. Solche Deutungsmuster sind geeignet, die Bildung einer notwendigen gesellschaftlichen Gegenmacht zu verhindern oder eine Oppositionsbewegung in das politische Nichts zu führen. Die ca. 4 Millionen Arbeitslosen (offiziell gemeldete plus Dunkelziffer) verarbeiten ihr Problem bisher weitgehend persönlich. Die Ökologie- und Alternativbewegung läuft hingegen Gefahr, ihre gesellschaftspolitische Kraft verpuffen zu lassen, indem fundamentale Opposition gegen das „System" propagiert oder der bequemere Weg des Aussteigens gewählt wird. Die „alten sozialen Bewegungen" haben deshalb die große Verantwortung, aus ihrer über hundertjährigen Erfahrung mit den Krisenentwicklungen des Kapitalismus neue Instrumente und Konzepte zur Lösung der sozialen und ökologischen Krise auszuarbeiten und eine gesellschaftliche Mobilisierung zur Verwirklichung dieser Zielsetzungen durchzuführen.

Das alte Wachstumsmodell wie auch die keynesianische Ankurbelungspolitik sind kein Modell mehr für eine Gesellschaftspolitik im ausgehenden Jahrhundert. Eine grundsätzliche Umorientierung des Produzierens und Konsumierens wie auch eine Neubestimmung des Verhältnisses zwischen Arbeitszeit und Freizeit werden notwendig. Da die Selbstkontrolle der Industrie und die Mechanismen der Marktwirtschaft in wichtigen Punkten versagen, muß die Gemeinschaft, vertreten durch den Staat, tätig werden. Es wird weder mehr Umweltschutz noch mehr Arbeitsplätze geben, wenn der Staat es versäumt, entsprechende Rahmenbedingungen und Regelungen zu setzen. Die ökologischen und sozialen Veränderungen des Industriesystems sind deshalb zwangsläufig ein Machtkampf um die richtigen politischen Mehrheiten. Aussteigen und Privatisieren wäre die falsche Antwort auf erkannte Probleme.

II. Die Umweltkrise hat ihren Höhepunkt noch nicht überschritten

Die Bilanz von 10 Jahren Umweltschutzpolitik ist eher negativ: trotz partieller Umweltverbesserungen konnte der Trend zur Umweltvergiftung und Umweltzerstörung nicht aufgehalten werden. Die Spätfolgen jahrzehntelanger Sorglosigkeit mit Natur und Umwelt beginnen sich jetzt erst richtig bemerkbar zu machen. Das Umkippen eines ganzen Öko-Systems wie z.B. unserer Wälder zeigt die Dimension der anstehenden Probleme. Die Industriegesellschaft ist mit einem Super-Tanker zu vergleichen, der seinen Kurs noch nicht geändert hat und in derselben Fahrtrichtung treibt. Es wurden zwar Teile des Tankers neu angestrichen; gleichzeitig treten aber neue Leckagen auf, die das Überwasserhalten schwieriger machen.

Bei der Art der Umweltbelastung ist in den letzten Jahren eine Verlagerung vom harmlosen Schmutz und Dreck zu giftigen und krebserregenden Stoffen eingetreten:

– die Staub- und Rußemissionen in der Luft konnten zwar um über 50% reduziert werden. Es gibt jedoch eine drastische Zunahme von krebserregenden Kohlenwasserstoffverbindungen in der Luft;

– in den Gewässern hat eine Reduzierung von Schlamm und Dreck stattgefunden. Wir verzeichnen jedoch eine starke Zunahme von Schwermetallverbindungen in unseren Flüssen.

Gefährlich sind auch die schleichenden Umweltzerstörungen, die unserer täglichen Aufmerksamkeit entgehen. Drei Beispiele seien hier nur genannt:

– die heutige Art und Weise der Energieversorgung führt zu einer Aufheizung der Erdatmosphäre. Natürliche und umweltgerechte Energiequellen machen erst wenige Prozente beim Energieverbrauch aus. Alle anderen Energiegewinnungsarten (ob Öl, Gas, Kohle oder Uran) belasten die Umwelt durch Freisetzung von Wärme. Die Erwärmung der Erdatmosphäre um 2° C würde bereits reichen, um Klimaveränderungen und Hochwasserkatastrophen hervorzurufen. Schon aus diesem Grunde bedarf es einer tiefgreifenden Veränderung der Energiepolitik, auch wenn heute bei den meisten Energieträgern eine Überkapazität vorhanden ist und Energiesparen in Vergessenheit zu geraten droht;

– die Puffer- und Reinigungswirkung unserer Böden geht durch Agrochemikalien, saure Niederschläge, Schadstoffeinträge aus Industrie und Verkehr, Erosionserscheinungen durch übermäßige Landbebauung usw. zunehmend verloren. Darüber hinaus wird in der Bundesrepublik täglich eine Fläche von 120 ha asphaltiert oder zubetoniert. Der Flächenverbrauch der letzten 20 Jahre ist beängstigend und bedroht das Gleichgewicht zwischen Siedlungsraum und Naturlandschaft. Nach dem Waldsterben deutet sich ein Bodensterben an. Die Umweltbelastung der Böden führt bereits heute an manchen Stellen zu Nutzungseinschränkungen und Produktionsverboten;

– eine schleichende Katastrophe ist das Aussterben von Tier- und Pflanzenarten. In den letzten 20 Jahren sind von 2667 einheimischen Pflanzenarten 822 und von 486 einheimischen Tierarten 216 bereits ausgestorben oder vom Aussterben bedroht.

Die Umweltbelastungen der Industriegesellschaft vernichten die lebendige Natur in einem Tempo, das eine Anpassung der Tier-

und Pflanzenwelt nicht mehr möglich macht. Jede aussterbende Art vermindert die Stabilität des Naturhaushaltes: Krankheiten und Epidemien können sich ausbreiten, wenn die natürlichen Gegenkräfte fehlen.

III. Eine neue Umweltpolitik ist notwendig

Ein Grund für die Zunahme der Umweltbelastung liegt in der Art und Weise, wie Umweltschutzpolitik auf Bundes- und Länderebene betrieben wird. Der sogenannte technische Umweltschutz ist nicht in der Lage, die Belastungen an der Quelle anzupacken. Anstelle einer Verminderung und Vermeidung von Umweltbeeinträchtigungen führte diese Politik in den letzten zehn Jahren allzuoft zu einer Verlagerung und Verschiebung der Belastungen:

– die Politik der hohen Schornsteine hat zu einer weiträumigen Verteilung der Luftschadstoffe geführt. Ehemalige Reinluftgebiete gehören heute zu Belastungsgebieten mit schweren ökologischen Schäden;

– die schlichte Deponierung oder Verbrennung von Abfällen hat zu neuen Umweltproblemen geführt, sei es zur Belastung des Grundwassers oder zur Luftverschmutzung mit Giftstoffen. Diese Politik hat weder die Wegwerfmentalität noch das Anwachsen der Müllberge beseitigt;

– die klassische Gewässerpolitik hat nicht das Bewußtsein geschärft, daß Wasser eine begrenzte Ressource ist, die nur intelligent und sparsam gebraucht werden darf. Die Konzentration auf den Bau von Kläranlagen hat die Entwicklung wassersparender und rückstandsfreier Technologien nicht gefördert.

Der reine „mediale" Ansatz (Luft, Wasser, Lärm) war nicht in der Lage, die Ökologie als ein vernetztes System zu begreifen und zu behandeln. Zudem ist Umweltpolitik immer noch weitläufig negativ definiert als reine Gefahrenabwehr, quasi als Teil des Polizeirechts. Staatliche Umweltpolitik war deshalb auch oftmals ein Ressort der „zweiten Garnitur", ohne ausreichende Planungskompetenzen und Investitionsmittel.

Die Zunahme der Umweltgefahren erfordert dringend einen Wandel vom rein technischen und sektoralen Umweltschutz zu einer gesamtökologischen Orientierung in Wirtschaft, Politik und Gesellschaft. Ohne eine grundsätzliche Neuorientierung des Produzierens wie auch des Konsumierens werden die Umwelt nicht geschützt und die Grundlagen der menschlichen Existenz nicht erhalten werden können. Die Umweltpolitik muß den Wandel von der Wegwerfgesellschaft zu einer Wiederverwertungsgesellschaft vorantreiben. Einer Gesellschaft, die es schafft, in ökologischen Kreisläufen zu leben, natürliche Rohstoffe zu schonen, umwelt- und gesundheitsgefährdende Stoffe zu vermeiden und wieder ein Gleichgewicht zwischen Mensch und Natur herzustellen.

Umweltpolitik darf kein Alibi oder Anhängsel in der staatlichen Politik sein. Die Zerstückelung der Kompetenzen in verschiedenen Behörden muß beendet werden. Die Umweltministerien sollten die zentrale Koordinierungsinstanz für alle umweltrelevanten Vorhaben werden. Die Einführung einer Umweltverträglichkeitsprüfung für alle neuen Produktionsarten und Produkte könnte die Wirkung haben, daß umweltgerechtes Denken und Handeln bereits an der Quelle ansetzt. Eine Umweltverträglichkeitsprüfung würde den gesamten Wirtschaftssektor, das Verkehrswesen wie auch die Landwirtschaft auf ihre Übereinstimmung mit der Ökologie testen.

Darüber hinaus sind neue Instrumente in der Umweltpolitik notwendig. Auflagen, Gebote und Verbote bleiben auch weiterhin das Herzstück einer staatlichen Regulierung. Es ist jedoch eine Tatsache, daß die Umweltbelastung trotz vieler Gesetze und Verordnungen größer geworden ist. Dies liegt sicherlich zum Teil an dem Vollzugsdefizit der staatlichen Normen. Zum Teil auch an Halbherzigkeiten und Schlupflöchern, die ein Umgehen der Vorschriften möglich machen. Insbesondere die Klauseln „Stand der Technik", „wirtschaftliche Vertretbarkeit", und „Bestandschutz" in den Umweltgesetzen haben in der Praxis zu einer Stagnation des Umweltschutzes geführt. Industriekartelle haben Innovationen verhindert, um nicht einen neueren Stand der Technik anwenden zu müssen. Nachträgliche Anordnungen der Behörden zum Einbau besserer Umwelttechnologien sind oft an dem Unternehmerargument von der wirtschaftlichen Unvertretbarkeit gescheitert.

Der Umweltschutz wird deshalb nur dann eine neue Dynamik erhalten, wenn die ökonomischen Wirkungsmechanismen einer kapitalistischen Konkurrenzwirtschaft bedacht werden. Die Unternehmer wie auch die Verbraucher müssen ein Eigeninteresse an mehr Umweltschutz haben. Ob man es will oder nicht, das Eigeninteresse bestimmt sich in der Masse immer noch nach dem Preis, der für ein bestimmtes Produkt oder eine bestimmte Dienstleistung zu bezahlen ist. Umweltschutz muß deshalb billiger werden als Umweltverschmutzung! Heute ist es oftmals umgekehrt: die Umweltverschmutzung wird kostenlos toleriert oder sogar mit offizieller Genehmigung erlaubt. Investitionen in den Umweltschutz verschlechtern deshalb die Konkurrenzsituation zu anderen Teilnehmern des Marktgeschehens.

Diese Erkenntnisse sind eigentlich banal, dennoch gibt es die Diskussion über „ökonomische Instrumente“ in der Umweltpolitik erst seit jüngster Zeit. Eine große Skepsis ist allerdings angebracht, weil diese Diskussion von der Industrie und der CDU vom Zaun gebrochen wurde, zwei Großorganisationen, die in der Vergangenheit nicht gerade durch Engagement für den Umweltschutz geglänzt hatten. Es ist deshalb Vorsicht am Platze, ob mit einer neuen Begrifflichkeit Umweltschutzstandards aufgeweicht werden sollen oder sogar ein Trick zum Nichtstun versucht wird.

In der Ausgestaltung des Verursacherprinzips gibt es bei den „ökonomischen Instrumenten“ in der Umweltpolitik jedoch einige interessante Ansatzpunkte. In Japan wurden beste Erfahrungen mit der Verschärfung der Haftung für Umweltschutz gemacht. Selten gelingt der wissenschaftliche Nachweis der Kausalkette zwischen Verursacher und Schaden. Deshalb ist es notwendig, eine „Gefährdungshaftung“ einzuführen, die von dem entsprechenden Industriesektor auch gesamtschuldnerisch übernommen werden muß. Hier reicht schon der Anschein einer Kausalität zwischen Produktion und Produkt im Hinblick auf die konkrete Umweltbelastung. Die Umkehr der Beweislast bei Umweltschäden würde ebenfalls zu größerer Sorgfalt auf der Produzentenebene führen.

Ein ähnlich wirksames Instrument könnte die Erhebung von „Abgaben" für Umweltbelastungen sein. Bisher werden Umweltressourcen oft als kostenlose Güter behandelt. Nach dem Motto: was nichts kostet, kann auch nichts wert sein, wird mit Natur und Umwelt Raubbau betrieben. Theoretisch müßten staatliche Ge- und Verbote zur Beseitigung der Umweltbelastungen ausreichen. Die Wirklichkeit ist jedoch anders, insbesondere was die Altanlagen betrifft. Abgaben auf die Verschmutzung der Luft, der Gewässer, die Erzeugung von Lärm, die Produktion von Müll, den Verbrauch von Landschaft usw. sollten dazu führen, daß Umweltschutzinvestitionen billiger werden als sorglose Umweltbelastung.

Auch die staatliche Finanz- und Steuerpolitik muß mit dem „Grün-Stift" durchforstet werden. Umweltverträgliche Produktionen und Dienstleistungen müssen mit Steuervergünstigungen, Zuschüssen und billigen Krediten bedacht werden; umweltgefährdende Aktivitäten müssen finanziell belastet werden. Dieser Preismechanismus könnte zu einer ökologischen Investitionslenkung führen, die aus Eigeninteresse bei der Wirtschaft wie beim Bürger ein umweltgerechtes Verhalten zur Folge hat. Dieser ökonomische Druck ist nötig, da die Schar der von Idealismus oder Erkenntnis geprägten Menschen zur ökologischen Umorientierung nicht ausreicht.

IV. Mit mehr Umweltschutz zu weniger Arbeitslosen

Aus den Reihen der Industrie wurde bereits in den frühen 70er Jahren der Slogan „Umweltschutz vernichtet Arbeitsplätze" in die Öffentlichkeit gestreut. Diese ebenso einfache wie falsche Formel hat große Verwirrung gestiftet. Mit diesem Totschlagargument, das ein politischer Kampfbegriff ist, wurde über viele Jahre eine engere Zusammenarbeit zwischen der Arbeiterbewegung und der Ökologiebewegung verhindert. Sowohl die Ausbeutung der Natur wie auch die Ausbeutung des Menschen haben die gleichen Ursachen. Die Herstellung von Verbindungslinien zwischen sozialen und ökologischen Forderungen wäre geeignet gewesen, eine enorme politische Schubkraft und Durchsetzungsfähigkeit zu erlangen. Die Trennung der Arbeiterbewegung von der Ökologiebewegung mit der Behauptung, Umweltschutzmaßnahmen würden Arbeitsplätze gefährden, war aus der Sicht der Industrie eine strategische Meisterleistung. Wir sind erst heute dabei, die Scherben dieser falschen Frontstellung wieder zu einem politischen Gesamtmosaik zusammenzufügen.

Die derzeitige Wirtschaftskrise hat viel mit der Umweltkrise zu tun. Das traditionelle Wirtschaftswachstum war auch immer mit einem Wachstum des Verbrauchs an Rohstoffen, Energie, Luft, Wasser und sonstigen Umweltgütern verbunden. Die Ausbeutung und die Belastung der natürlichen Ressourcen stößt jedoch an Grenzen. Hinzu kommt die Belastung der Bevölkerung und die sich daraus ergebende Oppositionshaltung. Die Wirtschaftskrise könnte mit einem Programm zur ökologischen Erneuerung der Industriegesellschaft überwunden werden. Alle Meinungsumfragen zeigen, daß die Bevölkerung mehr Ausgaben für den Umweltschutz wünscht. Der tatsächliche Bedarf an umweltverträglichen Produktionsverfahren und Produktion ist größer als das gegenwärtige Angebot. Die Entgiftung der Industriegesellschaft, das Stoppen der Rohstoffverschwendung, kurzum die Verwandlung der industriellen Schadstoffwirtschaft in eine ökologische Kreislaufwirtschaft könnte für die 80er und 90er Jahre zu einem zentralen gesellschaftlichen Projekt werden. Mit dieser wirtschafts- und gesellschaftspolitischen Strategie sind mehrere Problemkreise zu erfassen: Es entsteht ein riesiger Bedarf an Investitionen, die Struktur der ökologischen Wirtschaft schafft viele neue Arbeitsplätze, diese Art von Wirtschaftswachstum hätte einen hohen gesellschaftlichen Akzeptanzwert, und die Umwelt würde vor dem Kollaps gerettet. Ökologische Betätigungsfelder sind: rationelle Energieverwendung, Erforschung und Anwendung erneuerbarer Energiequellen, öffentlicher Personennahverkehr und Schienenfernverkehr, ökologischer Landbau, Stadterneuerung und Verbesserung der Wohnumwelt, Reinigung der Gewässer und der Luft, Wiederverwertung von Abfällen, Umweltsanierung alter Industrieregionen, Landschafts- und Naturschutz.

Da die Umwelt ein „öffentliches Gut" ist, werden das Angebot und die Nachfrage nach sauberer Umwelt nicht automatisch vom privaten Markt kommen. Die Marktwirtschaft besitzt kein zuverlässiges Kriterium, das die Wertschätzung und die Knappheit der Umweltgüter darstellt. Es bedarf deshalb politischer Entscheidungen, um der Nachfrage nach Umweltgütern zum Durchbruch zu verhelfen. Neben den ökonomischen Instrumenten zur Verschärfung des Verursacherprinzips wäre ein staatliches „Umweltförderungsprogramm" notwendig und zwar für alle Fälle, wo es den Verursacher nicht mehr oder noch nicht gibt. Bei vielen Altlasten ist der Verursacher heute nicht mehr festzustellen oder berufen sich die Verursacher auf eine staatliche Genehmigung. Bei vielen neuen erwünschten Produktionsverfahren und Produkten findet sich kein Verursacher, weil die Privatwirtschaft hieran kein Interesse hat. In allen diesen Fällen wäre ein Multi-Milliarden-Programm notwendig, um den Zeitwettlauf zwischen Umweltzerstörung und Umweltsanierung zu gewinnen.

Die These vom Umweltschutz als Jobkiller ist durch viele Studien bereits für die Vergangenheit widerlegt. Die Öko-Industrie hat in den letzten 10 Jahren bereits ein Investitionsvolumen von über 120 Milliarden DM gehabt. Je nach Berechnung sind dadurch ca. 300000–500000 Arbeitsplätze gesichert worden. Arbeitsplatzverluste durch mehr Umweltschutz sind dagegen kaum festzustellen. Auch die immer wieder geäußerte Drohung mit Produktionsverlagerungen ins Ausland läßt sich empirisch nicht nachweisen. Die ökologische Modernisierung unserer Volkswirtschaft könnte im Gegenteil zu einem „grünen Wirtschaftswunder" führen. Ein Wachstum bei ökologisch verträglichen Produkten ist auf absehbare Zeit dringend erwünscht. Unter ökologischen Vorzeichen wäre Wachstum nicht ein „Mehr an Material", sondern vor allem ein gesellschaftlicher „Wert"-Zuwachs, z.B. mehr Einkommen, mehr Freizeit, mehr Bildung, bessere Umwelt. Dienstleistungen und nicht-materielle Güter erhalten eine immer größere Bedeutung. Eine ökologische Modernisierung der Volkswirtschaft könnte erreichen, daß statt der Arbeitsplätze die Umweltverschmutzung wegrationalisiert wird. Wenn die Nutzung der Umweltgüter teurer wird, werden bei der betriebswirtschaftlichen Kostenkalkulation die Lohnkosten relativ billiger. Steigen die Preise für die Umweltverschmutzung stärker als die Lohnkosten, dann gibt es einen Doppeleffekt: die Betriebe werden aus eigenem Interesse in den Umweltsektor investieren, um Kosten zu sparen. Dadurch werden neue Arbeitsplätze geschaffen, und gleichzeitig wird die Umwelt verbessert. Die Verschiebung des Preisverhältnisses zwischen den Produktionsfaktoren Umwelt und Arbeit hätte die gewünschten gesellschaftlichen Auswirkungen.

Trotz aller Anstrengungen werden durch Umweltschutzmaßnahmen allein die Probleme der Massenarbeitslosigkeit nicht zu lösen sein. Um die über 2 Millionen registrierten Arbeitslosen mit neuen Arbeitsplätzen zu versorgen, müßte ein jährliches Wachstum von 6–7% erreicht werden. Eine Entwicklung, die weder wünschbar noch möglich ist. Ein „Wachstum um jeden Preis", um die Arbeitslosigkeit zu lösen, aber auf Kosten der Umwelt, ist nicht verantwortbar. Um diesen Wachstumsdruck loszuwerden, ist eine Politik der Neuverteilung der vorhandenen Arbeit dringend geboten. Es gibt genügend Arbeit, sie ist jedoch ungleich verteilt. Arbeitszeitverkürzungen auf allen Ebenen und in allen Sektoren ist deshalb nicht nur eine Maßnahme zur ökonomischen Existenzsicherung vieler Menschen, sondern auch eine richtige Maßnahme zur ökologischen Ausgestaltung der Industrie- und Arbeitsgesellschaft. Der Ausbau der Freizeit für sinnvolle Eigenbetätigung und Eigenarbeit kann sowohl zur Dezentralisierung unserer Versorgungseinrichtungen wie auch persönlichen Verwirklichung vieler Menschen führen. Es ist allerdings darauf zu achten, daß die Freizeit-Industrie nicht aufs Neue umweltgefährdend wirkt: Moto-Cross-Fahren, übertriebener Ski-Tourismus, Hantieren mit Giftstoffen im häuslichen Do-it-yourself-Baukasten sind nicht das Ideal einer ökologischen Freizeitgesellschaft. Mehr Freizeit bedeutet nicht automatisch mehr Zufriedenheit und Selbstverwirklichung. Verschiedene Industrien sind schon darauf vorbereitet, das Konsumverhalten und Kommerzdenken auch auf Freizeitbereiche auszudehnen. Die Arbeiterbewegung, Ökologie- und Alternativbewegung müssen die historische Fragestellung des Verhältnisses von

Arbeit und Freizeit sowie der Ausgestaltung wertvoller Freizeitaktivitäten politisch verarbeiten.

Die Umweltkrise ist zwar dramatisch, aber nicht hoffnungslos. Es ist heute durchaus vorstellbar, daß auf der Grundlage von Sand, Sonne, Wasserstoff und Eiweiß eine neue Ära der Industriegesellschaft aufgebaut wird, die viele der alten Probleme erledigt. Informationstechnologien, Biotechnologien, Sonnen- und Wasserstofftechnologien sind sicherlich ökologisch unbedenklicher als die alten fossilen Rohstoffprozesse. Dafür lauern neue Gefahren, z. B. die der totalen Überwachung und der Gen-Manipulation. Arbeiterbewegung und Alternativbewegung müssen den Aufbruch in das „Silikon-Zeitalter" von vornherein mitprägen und mitbestimmen, damit sie den Problemen nicht wiederum hinterherlaufen, wie es bei dem Industriezeitalter der Fall gewesen ist.

Volker Hauff

Für eine ökologische Modernisierung der Volkswirtschaft

I. Die Umweltpolitik hat mit der Umweltzerstörung nicht Schritt halten können

Wenn wir heute eine selbstkritische umweltpolitische Bilanz ziehen, müssen wir feststellen: Die Umweltpolitik hat mit der Umweltzerstörung nicht Schritt halten können.

Als Willy Brandt 1961 zur Erhaltung der Volksgesundheit forderte: „Der Himmel über der Ruhr muß wieder blau werden", mutete das noch utopisch an. Anfang der 70er Jahre wurde in der Bundesrepublik eine Umweltgesetzgebung eingeleitet, die noch immer in Europa als beispielhaft gilt. Sie folgte dabei der Philosophie: Eingetretene Schäden reparieren; absehbare Schäden von Produktionsprozessen durch nachträgliche technische Maßnahmen begrenzen; Rekultivierung; Entsorgung. Beispiele dafür sind das Bundes-Imissionsschutz-Gesetz, das Abwasserabgaben-Gesetz, das Chemikalien-Gesetz, das Benzin-Blei-Gesetz und das Abfallbeseitigungs-Gesetz.

Heute ist der Himmel über dem Ruhrgebiet tatsächlich wieder etwas blauer. Aber erkennen wir auch unvoreingenommen die Grenzen unserer Politik:

– Wir haben das Waldsterben weder früh genug erkannt, geschweige denn verhindert.

– Zwar haben wir die Probleme des eher harmlosen Schmutzes und Dreckes besser in den Griff bekommen; die Belastung mit giftigen und krebserregenden Substanzen hat sich aber verstärkt. Insofern hat sich die Umweltbelastung verschlimmert.

– Die Gefahren durch eine schleichende, kaum wahrnehmbare

Umweltzerstörung sind gestiegen: Überdüngung und Zubetonierung des Bodens zerstören langsam seine Reinigungswirkung; wir wissen um die Gefahr einer Veränderung der Ozonschicht, der Erwärmung der Erde, der zunehmenden Bodenerosion.

II. Umweltpolitik wird vorbeugen müssen

Für eine Neuorientierung in der Umweltpolitik ist wichtig zu erkennen: Die Umweltpolitik hat deshalb mit der Umweltzerstörung nicht Schritt halten können, weil sie zu wenig darauf gerichtet war, Umweltbelastung von *vornherein* zu vermindern und zu vermeiden; das bislang vorherrschende Konzept, den Umweltschutz am Ende des Produktions- und Konsumprozesses anzuhängen, erweist sich als nicht ausreichend.

Zukünftig gilt es in der Umweltpolitik, solche Anreizsysteme und Instrumente zu finden, die sowohl Konsumenten als auch Produzenten veranlassen, bei der Umweltbelastung zurückhaltender zu sein. Anders gesagt – Chancen zum sparsamen Umgang mit der Umwelt müssen genutzt werden.

– Bisher wurde das Problem der Lärmbelästigung – im Bevölkerungsempfinden der Streßfaktor Nummer eins – angegangen durch Lärmschutzwälle oder Schallschutzfenster gegen Verkehrs- oder Baulärm. Die Umweltpolitik der Zukunft muß auf Lärmvermeidung setzen: Motordämmung, Entwicklung vibrationsarmer Motoren oder geräuscharmer Autoreifen, Tempo-Limit.

– Die gesellschaftliche Anpassung an die wachsenden Müllberge bestand bisher in erster Linie in der Ausweisung immer größerer und – wegen der Giftstoffgefahr – immer aufwendigerer Deponien. Dies ist ein untauglicher Weg, um den wachsenden Müllbergen Einhalt zu gebieten. Zukünftig muß die Umweltpolitik Anreize setzen, um Abfälle gar nicht erst entstehen zu lassen oder sie einer Wiederverwertung zuzuführen.

– Als Desaster hat es sich erwiesen, die Probleme der Luftverschmutzung aus Großfeuerungsanlagen durch hohe Schornsteine zu lösen. Zukünftige Umweltpolitik setzt darauf, giftige Abgase gar nicht erst in die Luft entweichen zu lassen.

Solche neuen Anpassungsmechanismen kommen nicht von allein. Vielmehr ist es Aufgabe des Staates – Bundesregierung, Länderregierungen und Gemeinden – entsprechende Umstellungsprozesse zu stärken und zu begünstigen. Hier liegt der Ansatzpunkt für die ökologische Modernisierung der Volkswirtschaft.

III. Umweltpolitische und wirtschaftspolitische Forderungen verknüpfen

Ökologische Modernisierung der Volkswirtschaft heißt: Umweltpolitische und wirtschaftspolitische Forderungen miteinander zu verknüpfen.

1. Umweltverschmutzung darf nicht länger zum Null-Tarif möglich sein. Vielmehr muß die Umweltbelastung in die betriebliche Kalkulation als Kostenfaktor eingehen. Nur der teure Produktionsfaktor wird eingespart; der billige oder kostenlose wird eher verschwenderisch eingesetzt. Ein Großteil der Umweltschäden heute ist darauf zurückzuführen, daß die Verursacher gar nicht oder zu wenig für die Inanspruchnahme der Umwelt bezahlen mußten. So tauchten die drei Millionen D-Mark, die jährlich für die Instandhaltung des Kölner Doms ausgegeben werden, in der Bilanz des RWE nicht auf.

Die Folge des bis heute anhaltenden Null-Tarifs für Umweltbelastung ist auch eine gigantische volkswirtschaftliche Einkommens- und Vermögensumverteilung:

– Die Kosteneinsparungen bei den luftverschmutzenden Groß- und Kleinfeuerungsanlagen oder Kraftfahrzeughaltern führen zu Kostenbelastungen bei anderen, wobei die politisch aktivste Gruppe derzeit die Waldbauern sind. Eine 10%ige Schädigung des Waldes durch Luftverschmutzung bedeutet bereits einen Vermögensverlust von 15 bis 20 Millionen D-Mark. Die Ertragsverluste in der Forstwirtschaft – einschließlich der Aufwandssteigerungen durch Waldschäden – werden heute schon auf 1,7 Milliarden D-Mark jährlich beziffert.

– Die Kosten, die die Schwerindustrien längs der Elbe einsparen, wenn sie ihre giftigen Abwässer, Schwermetalle und chlorierten Kohlenwasserstoffe einleiten, fallen bei den Elb-Fischern wieder an: Sie verlieren ihr Einkommen. 1920 fingen die Elb-Fischer noch rund 120000 Tonnen Fisch im Jahr, jetzt sind es knapp 200 Tonnen, die kaum den Bestimmungen des Lebensmittelrechts genügen.

– Die Kosten, die der Autofahrer einspart, weil sein PKW- oder LKW-Motor nicht lärmgedämmt ist, werden – im Falle der Lärmschutzwälle – der Allgemeinheit aufgebürdet, im Falle der Lärmschutzfenster den privaten Wohnungs- und Hausbesitzern oder der öffentlichen Hand.

2. Ökologische Modernisierung setzt auf technische Innovation für neue Industrien. Die Umweltpolitik muß Anstöße für technologischen Fortschritt geben, damit es für die betroffenen Unternehmen lohnend ist, über gesetzliche Umweltanforderungen hinauszugehen und Innovationen zu entwickeln und durchzusetzen.

Umweltschutz ist nicht Hemmschuh, sondern Motor des technischen Fortschritts. Auf dem internationalen Weltmarkt liegen im Bereich der Umwelttechnologien langfristige Chancen für Investition und Arbeitsplätze.

In der deutschen Öko-Industrie arbeiten zur Zeit mindestens 250000 Menschen, das sind mehr als in der Druckindustrie. Der Umsatz dieser Industrie lag Anfang der 80er Jahre bei 16 bis 18 Milliarden D-Mark jährlich. Die Zukunftserwartungen dieser Branche sind günstig. Hier liegt eine Schlüsselindustrie der Zukunft; hier eröffnet sich ein weites Wachstumsfeld, auf dem langfristig Arbeitsplätze geschaffen und gesichert werden.

3. Ökologische Modernisierung zielt darauf ab, die Nachfrage nach sauberer Umwelt und umweltfreundlichen Produkten zu befriedigen.

Wenngleich die Bevölkerung bereit ist, für ihr Bedürfnis nach sauberer Umwelt zu bezahlen und dafür Opfer zu bringen, so stößt doch hier der Marktmechanismus an seine Grenzen. Der Konsument kann sich seinen Kubikmeter saubere Luft nicht kaufen. Es hat deshalb keinen Sinn, zur Überwindung unserer gegenwärtigen wirtschaftlichen Schwierigkeiten nur die Marktkräfte zu beschwören und sich wachstumspolitisch illusionären Hoffnungen auf anhaltende Steigerung des Massenkonsums hinzugeben.

Es bedarf vielmehr politischer Entscheidungen und neuer Instrumente, um dieser latent vorhandenen Nachfrage nach sauberer Umwelt zum Durchbruch zu verhelfen und das Wachstumspotential Umweltschutz zu nutzen.

IV. Instrumente für die ökologische Modernisierung der Volkswirtschaft

Die Instrumente für die ökologische Modernisierung der Volkswirtschaft müssen nicht erst erfunden werden. Anreizsysteme zur Begünstigung von Umstellungen und Entwicklungen hin zu neuen sparsamen Produktions- und Konsumweisen sind schon lange in der politischen Diskussion. Sie sind zum Teil eingeführt und müssen zum Teil konsequenter angewandt werden.

1. Mit dem Instrument der freiwilligen Absprache mit einzelnen Industriezweigen liegen unterschiedliche Erfahrungen vor. Positiv läßt sich die Absprache bezüglich der Asbestproblematik nennen. Dagegen lassen die anhaltenden vergeblichen Bemühungen um eine Minderung der Einweg-Packungen eher Skepsis gegenüber der Wirksamkeit freiwilliger Absprachen aufkommen.

2. Ein klassisches Steuerungsinstrument marktwirtschaftlichen Typs ist die Umweltabgabe. Sie ist bereits eingeführt mit der Abwasserabgabe, der das Vorstandsmitglied von „Daimler Benz", Edzard Reuter, bescheinigt, „die brillianteste umweltpolitische Karriere gemacht" zu haben.

Prinzip bei der Abgabe ist es, die Umweltbelastung in der Kostenrechnung des Verursachers auftreten zu lassen. Dabei sollte die Abgabe so hoch angesetzt werden, daß es für den Verursacher günstiger ist, Investitionen zur Vermeidung der Umweltbelastung durchzuführen.

Die neuere öffentliche Diskussion konzentriert sich vor allem auf die Schadstoffabgabe für Schwefel und Stickoxyde.

3. Die Erkenntnis, daß die bisherige Politik der Umweltauflagen

für sich allein genommen zur Rettung der Umwelt überfordert war, heißt nicht, daß Umweltauflagen in Zukunft ihre Bedeutung verlieren werden. Auflagen bleiben als Steuerungsinstrumente unentbehrlich, um umweltverträgliche Anpassungen der Wirtschaftsteilnehmer zu erzwingen. Ein Beispiel: In der Bundesrepublik haben fehlende Auflagen für das Abgasverhalten von LKWs dazu geführt, daß die LKW-Motorleistung diesel-verbrauchsoptimiert wurde. Die Folge ist, daß die LKWs heute zu rund einem Drittel zur gesamten Stickoxydbelastung durch Straßenverkehr beitragen. Nur die Festsetzung von Abgasgrenzwerten kann zu einer *abgas*-optimierten und damit umweltverträglicheren Motorkonstruktion führen wie in den USA.

Auch die klassische Politik der Umweltauflagen bietet Anlaß zur Neuorientierung. Die zukünftigen Auflagen müssen weniger auf Kontrolle des Belastungsniveaus gerichtet sein, sondern auf Vermeidung von Belastung. D.h.: Festsetzung von mehr Emissions- statt Imissionswerten.

Auflagen werden sich zukünftig stärker am Vorsorgeprinzip orientieren müssen. Konkret heißt das:

– Umkehr der Beweislast;

– Abkehr vom Verdünnungsprinzip, z.B. von der Politik der hohen Schornsteine oder der Giftstoffverklappung in der Nordsee;

– bei den politischen Entscheidungen muß die Endlichkeit unserer natürlichen Lebensbedingungen in Betracht gezogen werden: Auch wenn die Automobilindustrie argumentiert, ein Tempo-Limit würde zum internationalen Image-Verlust des deutschen Autos führen, muß feststehen: lieber den Wald retten als das Höchstgeschwindigkeits-Auto.

– Für gefährliche Stoffe sind langfristige Stufenpläne zur Entwicklung von Ersatzstoffen und zur Produktionsumstellung zu erstellen. Diese müssen ehrgeizige Ziele bei der Eindämmung gefährlicher Stoffe stecken. Sie bringen für alle Beteiligten den Vorteil langfristiger Sicherheit.

4. Wenngleich das Verursacher-Prinzip in die zukünftige Umweltpolitik mit stärkerem Gewicht eingehen muß, wird doch das Gemeinlast-Prinzip nicht völlig an Bedeutung verlieren. Die Er-

richtung eines Sondervermögens „Arbeit und Umwelt“ als umweltpolitisches Finanzierungsinstrument ist deshalb notwendig. Es gibt Fälle, in denen das Verursacher-Prinzip überfordert sein wird, z. B.:

– Bei der Sanierung alter Deponien ist häufig eine Kosten- oder Verursacherzuordnung nicht (mehr) möglich. Welches Unternehmen letztlich vor 15, 20 oder mehr Jahren die Giftstoffe, die heute ins Grundwasser zu sickern drohen, auf die Deponien gekippt hat, wird kaum feststellbar sein. Die Sanierung der Deponien fällt deshalb der Allgemeinheit zu bei immens hohen Kosten.

– Eine strikte Durchsetzung des Verursacher-Prinzips kann auch zu regionalen, politisch unerwünschten Verteilungswirkungen führen. Das Saarland und das Ruhrgebiet haben den Wiederaufbau der Bundesrepublik maßgeblich getragen; auch die übrigen Bundesländer haben von der stark umweltbelastenden, aber gleichwohl kostengünstig scheinenden Energieversorgung und Stahlproduktion in diesen Gebieten profitiert. Diese Gebiete heute ausschließlich die Kosten der dringend notwendigen Sanierung der Großfeuerungsanlagen tragen zu lassen, mag deshalb nicht ganz gerecht erscheinen. Hier sind auch die öffentlichen Hände gefordert.

Die SPD hatte deshalb vorgeschlagen, über eine große Gemeinschaftsanstrengung ein Sondervermögen „Arbeit und Umwelt“ zu schaffen. Über einen Zuschlag auf den Energieverbrauch können pro Jahr über vier Milliarden D-Mark zur Finanzierung bzw. zur Begünstigung von Investitionen für den Umweltschutz mobilisiert werden, für Gewässerschutz, Wasserversorgung, Luftreinhaltung usw. Ein solches Sondervermögen hat den Vorteil, daß die Bewilligung der für die Umweltsanierung notwendigen Mittel aus dem politischen Alltagsgeschäft herausgehalten wird. Nach den Erfahrungen des ERP-Programms könnte damit ein Investitionsvolumen von 18 Mrd. D-Mark „bewegt“ werden.

V. Anpassung auch anderer Politikbereiche

Die ökologische Modernisierung der Volkswirtschaft erfordert Anpassungen auch in weiteren Politikbereichen. Auch hier sind Anreizsysteme zu schaffen, damit sich wirtschaftliche oder Konsumentenentschädigungen an den umweltpolitischen Erfordernissen ausrichten. Nur wenige Beispiele:

1. Die heutige Landwirtschaftspolitik verträgt sich schlecht mit dem Umweltschutz. Das System der Preisstützung hat zur Folge, daß die Landwirte in der Regel versuchen, aus dem bewirtschafteten Boden die größtmögliche Produktmenge zu erzielen. Hilfsmittel dabei sind Agrarchemikalien und Düngemittel. Die Folgen dieser Agrarpolitik sind u. a. Bodenversauerung, Trinkwassergefährdung, Bedrohung einer Vielzahl von Tier- und Pflanzenarten.

Die Landwirtschaftspolitik muß sich deshalb von der reinen Preisstützung auf eine Politik der Einkommenssicherung umstellen.

2. Umweltpolitik und Verkehrspolitik sind in den letzten Jahren zunehmend in Konflikt geraten. Der verkehrspolitische Ansatz, das Bedürfnis nach Mobilität und Transport durch den Zubau immer neuer und immer aufwendigerer Straßen zu befriedigen, hat zu folgenschwerer Umweltzerstörung geführt. Ökologische Modernisierung heißt: die Bedürfnisse nach Mobilität und Transport ohne Komforteinbuße mit möglichst geringem Flächenverbrauch und möglichst geringen Abgasen zu lösen. Es heißt: mehr Güter auf die Schiene, mehr Attraktivität für die öffentlichen Verkehrsmittel, Einbeziehung des Fahrrads als gleichberechtigtes Verkehrsmittel in die Verkehrsplanung usw.

3. Das Energiewirtschafts-Gesetz ist ein Beispiel für ein umweltpolitisch unzureichendes Anreizsystem. Die Forderung, die Energieversorgung müßte möglichst kostengünstig sein, hat dazu geführt, umweltpolitische Erfordernisse außer Acht zu lassen. Auch dieses Gesetz muß „ökologisch modernisiert" werden.

Die Annahme, unsere heutigen Probleme der Umweltverschmutzung seien nun einmal eine zwangsläufige Folge der Industriegesellschaft, ist falsch. Wenn wir auch in Zukunft in Frieden mit der Natur leben wollen, dürfen wir nicht aussteigen aus der Industriegesellschaft, sondern müssen einsteigen in den Kampf um ihre umweltverträgliche Gestaltung. Wirtschaft und Gesellschaft sind noch zu wenig darauf eingerichtet, sich den wachsenden umweltpolitischen Erfordernissen anzupassen. Ökologische Modernisierung heißt: über neue Anreiz- und Steuerungssysteme die Anpassungsfähigkeit von Wirtschaft und Gesellschaft an das umweltpolitisch Notwendige zu erhöhen.

Der Staat hat hierbei eine ganz wichtige Anstoß- und Durchsetzungsfunktion. Aber auch jeder einzelne ist aufgefordert, die Auswirkungen seines tagtäglichen Verhaltens auf die Umwelt immer wieder zu prüfen.

Michael Müller

Industriesystem am Scheideweg

„Ich rufe Geister aus der wüsten Tiefe."
„Ei ja, das kann ich auch, das kann jeder.
Doch kommen sie, wenn Ihr nach ihnen ruft?"

Shakespeare

I. Weichenstellung zwischen extensivem oder intensivem Wachstum

1965 begann in der Tschechoslowakei eine intensive und prinzipielle Diskussion über die möglichen Wege in der Entwicklung einer Gesellschaft, die zu einer industriellen Reife gediehen ist. Radovan Richta und sein 46köpfiges Kollektiv von Wissenschaftlern haben in starkem Maße den „Reformkommunismus" des „Prager Frühlings" beeinflußt. Der „Richta-Report" behandelt die Auswirkungen der technisch-wissenschaftlichen Revolution und die Erfordernisse für ein „humanistisches Sozialismus-Konzept". Diese „politische Ökonomie des 20. Jahrhunderts" diskutierte Fragen wie Lebensqualität und innere Gefahren und Grenzen des Wachstums, Probleme also, die in der heutigen Ökologie-Debatte einen zentralen Raum einnehmen.

Aufgrund der Tiefenwirkung, Schnelligkeit und Ausdehnung der Produktion, der technischen Entwicklungen und der wissenschaftlichen Entdeckungen kommen die Menschen immer mehr in die Lage, größere Macht über die Basis ihrer eigenen Existenz zu gewinnen. Für die heutigen Generationen sind die Anforderungen zur Bewahrung der zivilisatorischen Voraussetzungen weitreichender als früher, und es ergibt sich kurzfristig die Notwendigkeit, anders zu leben und anders zu arbeiten. Mehr denn je ist die Verantwortlichkeit der Generationen gegeben, die Natur nicht zu einem bloßen Mittel zur Reproduktion menschlichen Lebens zu reduzieren.

Der zivilisierte Mensch kann nicht in einer Welle romantischer Sehnsucht „in den Schoß der Natur" zurückkehren, aber er muß die Sicherung der natürlichen Kreisläufe als Aufgabe und Reich der Zivilisation sehen.

Mit der Struktur der ökonomischen Dynamik hat sich der Prozeß beschleunigt, in dem die Menschen in die ökologischen Bedingungen eingreifen, und dementsprechend wächst die Angst vor einer künstlichen und zerstörerischen Welt.

Der Technisierungsprozeß erzeugt ein Bedürfnis nach unzerstörter Natur, während die Technikentwicklung zugleich die Möglichkeiten der Befriedigung dieser Zielsetzung gefährdet. Der Mensch muß daher den Ausgleich mit der Natur auf einer neuen Stufe erneuern und sie so „anwenden", daß weder Mensch noch Natur durch die Ausrichtung der ökonomischen und technischen Entwicklung unseres Planeten zugrundegehen.

Je mehr der Mensch und seine technischen Möglichkeiten über die Natur hinausragen, um so größer ist die Gefahr, daß elementare Existenzbedingungen zerstört werden. Damit der Mensch sich nicht von der Natur entfernt und entfremdet, muß er die gesellschaftliche Entwicklung nicht nur nach sozialen Gesichtspunkten gestalten. Er muß sich angesichts dieser Form beschleunigter Produktivkraftentwicklung heute und in den kommenden Jahrzehnten die Fähigkeit aneignen, die Rekonstruktion und Beherrschung der elementaren Existenzbedingungen neu zu erreichen, die Technik zum Wohle der Menschen auszuwerten und Verletzungen des ökologischen Gleichgewichts zu verhindern.

Der Richta-Report stellt den Zusammenhang zwischen den ökologischen Gefahren und den sozialen Problemen durch ein extensives, bei uns zudem privatwirtschaftliches Wachstum her:

– Der Produktionsapparat erweitert sich in die Breite, was zu einer „stets größeren Produktion für die Produktion" führt,

– Das Kapitalwachstum wird über die Verringerung der Beschäftigung „gesichert" (Arbeitslosigkeit) und
– maximales Wachstum über Lohndruck und Sozialabbau erreicht.

Die positivistisch verkürzten, jedoch mit scheinbarem Optimismus verkündeten technokratischen Konzepte, die uns z. Zt. von den neokonservativen Politikern angepriesen werden, können mit ihrer Grundausrichtung auf die Wiederherstellung eines extensiven privatwirtschaftlichen Wachstums weder die ökologischen noch die sozialen Probleme lösen. Das extensive Wachstum war durchaus eine notwendige Etappe beim Aufbau der Industrialisierung, heute sind aber elementare Änderungen des Wachstumsmodells gegen die politische und ökonomische Dominanz des privaten Kapitalapparats notwendig. Es geht um eine qualitative Weiterentwicklung des ökonomisch-technischen und politisch-organisatorischen Sektors. Der Richta-Report nennt einen Übergang vom extensiven zum intensiven (unvergegenständlichten) Wachstum, der durch die technische Entwicklung möglich geworden ist. Die humane, soziale und ökologische Nutzung der Produktivkräfte ist die Chance für einen Fortschritt, der politisch-soziale, ökonomisch-technische und menschlich-natürliche Prozesse zu einer humanistischen Variante der technischen Zivilisation zusammenführt. Das bedeutet die Verwirklichung von Lebensqualität durch die bewußte Gestaltung von Wirtschaft und Gesellschaft nach sozialen und demokratischen Prinzipien.

II. Reformbewegung für Arbeit und Umwelt

Die Umweltpolitik ist in den meisten Industrieländern noch immer auf eine nachträgliche Reparatur und Schadensbegrenzung ausgerichtet, so auch in der Bundesrepublik. Ein grundsätzliches Umdenken, um die Sicherung der ökologischen Kreisläufe zu einem zentralen Zielwert gesellschaftlichen Handels zu machen, ist noch selten; es erfordert auch eine neue Qualität von Politik.

In den siebziger Jahren wurde von der sozialliberalen Bundesregierung eine konsensfähige Umweltpolitik versucht. Dabei konnten einige wichtige Gesetze (z. B. Abwasserabgabengesetz, Chemiekaliengesetz, etc.) durchgesetzt werden, die allerdings auch heute noch erhebliche Vollzugsdefizite und Lücken haben.

Umweltpolitische Themen hatten bis in die Mitte der siebziger Jahre keinen hohen Stellenwert in der öffentlichen Diskussion. Dies änderte sich mit den Auseinandersetzungen um die Nutzung der Kernenergie. Diese Form der „Modernisierung" der Volkswirtschaft und besonders das „Arbeitsplatz-Argument" standen kontrovers zu ökologischen Vorstellungen, die in der Bevölkerung wachsenden Anklang fanden. Die verschlechterte wirtschaftliche Entwicklung verschärfte diese Frontstellung, ein breiter Fortschrittskonsens zerfiel, und das bisherige „Wachstumsbündnis" in der Gesellschaft zerbrach. Es war nicht möglich, die vorherrschenden ökonomischen Effizienzvorstellungen mit ökologischer Rationalität zu harmonisieren. Bei der Erstellung des „Aktionsprogramms Ökologie", einem beachtlichen Versuch einer umweltpolitischen Neuorientierung, wurden die Frontstellungen besonders deutlich. Die Industrie wollte die „Entstaatlichung" der Umweltpolitik, d. h. weg von einer umweltpolitischen Auflagen- und Rahmensteuerung (Gebote, Verbote, Normen, Standards) und hin z. B. zu Umweltzertifikaten und anderen „marktwirtschaftlichen Instrumenten" in der Umweltpolitik. Technologiefolgenabschätzung, Umweltverträglichkeitsprüfung und auflagenorientierte Abgaben wurden strikt abgelehnt.

Die Konzepte für marktwirtschftliche Instrumente in der Umweltpolitik kommen vor allem aus den USA (z. B. Clean-Air-Act, Bubble-Policy, Emissions-Reduzierungs-Bank) und belegen die „freien" Umweltgüter wie Luft mit einem Preis. Nach Crocker (1966) und Dales (1968) werden Umweltbelastungen durch den Verlauf von Verschmutzungsrechten (Zertifikaten, Verschmutzungslizenzen) erkauft. In der Bundesrepublik wurden diese Ansätze z. B. von Bonus, Wegehenkel und Binswanger in modifizierter Form aufgegriffen und z. T. erweitert.

Doch gerade die amerikanischen Erfahrungen zeigen, daß dort, wo keine direkte Auflagen- und Steuerungspolitik z. B. über Dynamisierung der Grenzwerte erfolgt, die Wirkungen einer ökologischen Modernisierung der bestehenden Wirtschaftsstrukturen sehr begrenzt bleiben. Zwar wurde die Umwelt-„Entsorgung" z. T. verbessert, der notwendige weitergehende Strukturwandel aber blieb aus.

Die sozialliberale Bundesregierung verkannte die Tragweite der ökologischen Krise und den engen Zusammenhang zwischen Wachstumsentwicklung, Beschäftigungskrise und Umweltzerstörung. Selbst die gebremste Umweltpolitik von G. Baum war mit der Wachstumspolitik Lambsdorffs nicht vereinbar. (Ein Tatbestand, der sich auch unter den neuen politischen Akteuren nicht geändert, sondern noch verschärft hat.)

Die Harmonisierung von Ökonomie und Ökologie muß aber das tragende Fundament einer neuen Reformpolitik sein, weil nur so die notwendige Einheit für eine gesellschaftliche Reformbewegung für Arbeit und Umwelt möglich wird. Dies setzt aber die Erkenntnis voraus, daß umfassender Umweltschutz nur im Rahmen einer wirtschafts- und gesellschaftspolitischen Gesamtkonzeption erreichbar ist, die nicht auf eine nachträgliche Minderung eingetretener Fehlentwicklungen, sondern auf einen ökologischen und sozialen Umbau abzielt.

III. Die Defizite der alten Wachstumsformel

Die alte Wachstumsformel bietet weniger denn je politische Perspektiven. Sie hat wachsende beschäftigungs-, verteilungs-, umwelt- und technologiepolitische Defizite:

– beschäftigungspolitisch, weil 5–6prozentige Wachstumsraten zur Beseitigung der Arbeitslosigkeit irreal sind, zumal die Beschäftigungswirkungen in den letzten zehn Jahren in starkem Maße durch staatliche Ausgabenprogramme induziert wurden;

– verteilungspolitisch, weil Wachstum als Friedensformel im Verteilungskampf nicht mehr funktioniert und die Beseitigung struktureller Fehlentwicklungen und Mängel ausklammert;

– umweltpolitisch, weil der Reparaturaufwand für die Entsorgungsaufgaben immer größer und der gesellschaftliche Nutzen dieser Entwicklung immer geringer werden;

– technologiepolitisch, weil der strukturelle Umbau auf zukunftsträchtige Umweltmärkte ohne direkte Umlenkung nur unzureichend erfolgt (siehe die Technologie-Entwicklung mit den Schwerpunkten Informationstechnik, Gen- und Biotechnik und Weltraumforschung).

Eine Status-Quo-Orientierung in der Wirtschaftspolitik verkennt, daß wachsende Teile in der Gesellschaft die Mängel und Grenzen der herkömmlichen Wachstumspolitik sehen, so daß die zukünftige Politikfähigkeit in der Bundesrepublik in hohem Maße davon abhängt, wie die Gesellschaft ohne große soziale Brüche und politische Spaltungen mit einer überzeugenden Konzeption umgebaut werden kann.

Dazu ist eine Reformpolitik notwendig, die vorausschauend und in gesellschaftlicher Verantwortung gleichberechtigt die soziale Verteilungsgerechtigkeit, Vollbeschäftigung und die Sicherung der ökologischen Stabilität zu den zentralen Zielwerten ihrer gesellschaftspolitischen Konzeption macht.

In der umweltpolitischen Diskussion der Bundesrepublik sind vor allem folgende Hauptlinien in der Diskussion zu verzeichnen, die sich in Einzelbereichen z. T. überschneiden oder sich miteinander kombinieren lassen:

– Der konservative Ansatz der „Privatisierung der Natur“; das heißt, die staatlichen Eingriffe durch eine umweltpolitische Rahmensetzung sehr gering halten. Teilweise spielen hier auch Forderungen nach einer Integration der Umweltpolitik in die marktwirtschaftlichen Instrumente eine wichtige Rolle, wiewohl auch manches (z. B. Ausschaltung leistungsloser Vermögenseinkünfte aus Bodenbesitz) aus diesem Bereich weit darüber hinausgeht.

– Die Zurücknahme der industriellen Strukturen durch eine dezentrale Umorientierung von Staat und Gesellschaft, wobei die Kommune Ausgangspunkt einer alternativen Vergesellschaftungsweise sein soll. Angestrebt wird eine Sicherung der ökologischen Kreisläufe durch Selbstversorgung, insbesondere der Grundfunktionen, in kleinen Netzen bei wenigen Großbetrieben und vielen

Klein- und Mittelbetrieben. Nachdenkenswerte Kritik wird an dem nur technologisch ausgerichteten Umweltschutz geübt.

– Die Beendigung der Umweltzerstörung durch die Beseitigung des privatwirtschaftlichen Akkumulationsprinzips. Eine gesellschaftliche Produktionspolitik soll sich an den Bedürfnissen der Beschäftigten orientieren; hinzu kommen gesellschaftliche Rahmenplanung, Mitbestimmung im Unternehmensprozeß und Arbeitszeitsverkürzungen.

– In der SPD und den Gewerkschaften werden Forderungen nach einer ökologischen Modernisierung der Volkswirtschaft erhoben. Neben anderem (Verschärfung von Grenzwerten, Aufstellung von Zielwerten, TA Abfall und TA Boden) werden vor allem Abgaben zur beschleunigten Minderung der Umweltbelastungen, deutlich über bestehende Grenzwerte hinaus, gefordert. Daneben gibt es den Vorschlag für ein „Sondervermögen: Arbeit und Umwelt", womit Altlasten saniert und neue Umweltprojekte initiiert werden sollen.

IV. Ökologische Vorsorge

Weder das alte Wachstumsmodell noch bloße Zivilisationskritik oder Technologieverhinderung sind fähig zu einer gesellschaftspolitischen Erneuerung zur Lösung der aufgezeigten Probleme. Durch eine ökologische Vorsorge gilt es, politische Rahmenbedingungen zu setzen, die bereits den technologischen Vorlauf einer Investitionsentscheidung umweltfreundlich und ressourcenschonend beeinflussen. Dadurch sollen die Kosten für Rohstoffe und Umweltmaßnahmen minimiert und die ökologische Steuerung erreicht werden, wobei gleichzeitig die wirtschaftliche Produktivität und die technische Innovationsfähigkeit erhöht werden.

In der heutigen umweltpolitischen Situation bedeutet das:

a) schnelle Reparatur bzw. Kompensation bereits eingetretener Umweltschäden umweltbeeinträchtigender Produktionsprozesse und Produkte.

b) Verbesserung von Umweltbeeinträchtigungen durch Zusatzmaßnahmen.

c) Förderung technischer Investitionsprozesse, um vorhandene Produktionsprozesse und Produkte umweltfreundlicher zu gestalten.

d) Wirtschaftliche und gesellschaftliche Strukturveränderungen, um anders zu leben und zu arbeiten und ökologisch angepaßte Wirtschaftskreisläufe aufzubauen.

Die Verwirklichung dieser Ziele läßt sich nicht ohne weitreichende gesellschaftliche Demokratisierungs- und Veränderungsprozesse erreichen. Dazu gehören z. B.:

– Veränderung der ausschließlich preisorientierten Güter- und Dienstleistungsbewertung durch die Einbeziehung sozialer und ökologischer Indikatoren. Ansatzpunkte hierfür sind Nettowohlfahrtsindex, Sozialindikatoren, Umweltstatistiken, ökologische Buchführung, Umweltverträglichkeitsprüfungen u. a. m.

– Förderung eines qualitativen Wachstums durch z. B. rohstoff- und energieschonende Produktionsweisen bzw. Steigerung der Energie- und Rohstoffproduktivität, vorsorgende Gestaltung statt Kompensation eingetretener Schäden, Förderung von Umwelttechnologien, Erhaltung der Funktionsfähigkeit des öffentlichen Sektors.

– Elemente einer ökologischen Wirtschaft sind auf der Ebene des Betriebes eine intelligente Nutzung von Energie, möglichst dezentraler Energieeinsatz, Erhöhung der Lebensdauer von Produkten, Verringerung des Rohstoffverbrauchs, Zurückdrängung der chemischen Gefahren, Einsatz „sanfter“ Technologien, umweltbewußte Weiterbildung und Aufklärung.

– Im Bereich der Arbeitsorganisation bedeutet das Förderung von Produktionsintelligenz, Qualifizierung, ganzheitlichere Arbeitszuschneidung und Mitbestimmung.

Die ökologische Krise, die Gefahr der Zerstörung der Umwelt und menschlichen Existenz, muß uns wachrütteln. Dabei wären Apokalypse und Angst fehl am Platz, denn es gilt, den Trend umzukehren und die technisch-wissenschaftlichen Möglichkeiten für die Gestaltung einer menschenwürdigen Zukunft zu nutzen. Wir müssen keine neuen Geister beschwören, wir müssen verantwortlich handeln.

Udo Ernst Simonis

Harmonisierung von Ökonomie und Ökologie

„Ökologie und Ökonomie kein Gegensatz – Erfolge durch Zusammenwirken aller Parteien – Einsicht der Wirtschaft – Gute Erfahrungen ...

Die Umweltpolitik wird, so scheint es, getragen von Milde, Marktkräften und Vertrauen in das Gute des Menschen."

Christian Schütze

I. Wirkungszusammenhänge – Wirkungskonflikte

Ökologie bedeutet die Lehre vom notwendigen und möglichen Frieden des Menschen mit der Natur (C. F. v. Weizsäcker). Ökonomie ist zunächst einmal Unfrieden mit der Natur: Natur wird direkt genutzt und indirekt durch Verarbeitung von Rohstoffen zu Produkten, und sie wird – umgekehrt – durch Schadstoffe und Abfälle der Produktion belastet. Zwei Prozesse also, die die Natur als Verlierer im Ökonomie-Spiel zurücklassen: Sie tauscht natürliche Rohstoffe gegen produzierte Schadstoffe ein. Dabei ist die Natur neben Arbeit und Kapital (bestenfalls) ein stummer, doch in des Wortes echter Bedeutung ein ausgebeuteter, dritter Produktionsfaktor. Wie kann man die Stellung (Lage) der Natur in der Ökonomie verbessern – ihr Rechte gewähren und Schutz verleihen?

Die Verwendung von Rohstoffen und die Entstehung von Abfallstoffen ist natürlich ein altes Thema. Die moderne wissenschaftlich-technische Entwicklung aber hat die Ausbeutung nicht erneuerbarer Rohstoffe zunehmend möglich gemacht und die Ansammlung nicht abbaubarer Abfallstoffe zunehmend häufig werden lassen. Die Natur kann einen Teil des an sie adressierten Rückversandes an Stoffen nicht mehr verkraften, Stoffe, von denen viele nicht nur für die Natur, sondern auch für den Menschen toxisch sind.

Anstrengungen, diese Abfallstoffe auf Deponien, in Zwischen- oder Endlagern zu verstecken, über hohe Schornsteine zu zerstreuen oder auf See zu verklappen, erweisen sich nicht oder nur zeitweise als erfolgreich, was damit zu tun hat, daß Umweltgifte in der Regel Wandergifte sind (P. Mayer-Tasch); sie machen nicht an Grenzen halt. Die „Linearisierung" ökologischer Kreisläufe ist eine Folge davon: Die natürliche Vielfalt wird reduziert, die Robustheit der Ökosysteme verringert sich, Symbiosen brechen zusammen, Gleichgewichte gehen verloren. Die Konsequenz aus diesen Prozessen: Abnahme der Absorptionskapazität der Umwelt und Zunahme der Umweltgefährdung.

Entsprechend sehen viele Wissenschaftler den Konflikt zwischen Ökonomie und Ökologie in zwei (tatsächlich oder vermeintlich?) unverträglichen Grundprinzipien begründet: Dem ökologischen Prinzip der „Stabilität als Lebensbedingung der Natur" und dem ökonomischen Prinzip des „Wachstums als Interesse der Wirtschaft", genauer: den Prinzipien der betriebswirtschaftlichen Rentabilität, des volkswirtschaftlichen Wachstums und der weltwirtschaftlichen Expansion.

Die Frage, ob und wie diese ökonomischen Prinzipien angesichts eingetretener oder sich abzeichnender ökologischer Krisenlagen änderbar, gestaltbar und letztlich mit ökologischen Prinzipien harmonisierbar sind, auf welcher Ebene und auf welche Weise, dies ist natürlich eine in der Wissenschaft (und in der Praxis) höchst strittige Frage. Ihre Beantwortung ist zunächst einmal abhängig von der jeweiligen individuellen bzw. gesellschaftlichen Interessenlage; hier scheiden sich die Geister schnell und zumeist auch eindeutig. Sie ist zum anderen aber auch abhängig von der Fähigkeit und der Bereitschaft zur sozialen Innovation – besonders aber davon, wie man die Möglichkeit der Anwendung und Nachahmung ökologischer Regelmechanismen zur Selbststeuerung der Wirtschaft nutzt bzw. die Möglichkeit der ökologischen

Modernisierung der Wirtschaftspolitik einschätzt. Diesen beiden (nur diesen beiden!) Ebenen der (stärkeren) Harmonisierung von Ökonomie und Ökologie möchte ich mich im folgenden zuwenden.

II. Interne Steuerungsmechanismen – Ökologische Selbststeuerung der Wirtschaft?

Zunächst: Es gäbe sicherlich nur einen Bruchteil der Umweltprobleme, wenn die ökonomischen Zusammenhänge so klein und überschaubar (geblieben) wären, daß Produzenten und Konsumenten die Konsequenzen ihrer eigenen Natur-Abnutzung bzw. Natur-Belastung erkennen bzw. spüren würden – oder anders ausgedrückt: wenn die betriebliche Rentabilität, das Wachstum der Volkswirtschaft und die Expansion auf Weltmärkten nicht (immer wieder) dadurch garantiert bzw. gesteigert werden könnten, daß man einen Teil der entstehenden Kosten nach außen verlagerte. Dies ist die alte, aber stets neue, weil ungelöste Frage der externen Effekte der Produktion. Der Prozeß der ökonomisch-technischen Entwicklung ist mit negativen Externalitäten verbunden, d.h. der Verlagerung von Kosten auf Dritte oder die Gesellschaft, auf zukünftige Generationen, auf die Natur. Beim Umweltproblem sind diese Einzelkomponenten externer Effekte miteinander verknüpft. Es ist in diesem Sinne die Verkörperung der Problemhaftigkeit der industriewirtschaftlichen Produktion – und damit vielleicht tatsächlich, wie K. Meyer-Abich meint, die größte Herausforderung und Bewährungsprobe für den Staat, vergleichbar nur der sozialen Frage des 19. Jahrhunderts.

Nehmen wir die Belastung des „Ökosystems Wald" als jüngstes Beispiel der öffentlichen Umweltdiskussion:

– Es zeigt die Verlagerung eines Teils der Kosten der Produktion (nicht ausreichend reduzierte Luftschadstoffe) auf die nur begrenzt resistente Natur: der Wald stirbt.

– Es zeigt die Verlagerung von Kosten auf die folgenden Generationen: waldlose Zukunft bzw. nur langfristig mögliche Wiedergewinnung der Reproduktionsfähigkeit des Waldes.

– Es zeigt schließlich die Verlagerung von Kosten auf Dritte (teilweise Enteignung der Waldbesitzer) und die Gesellschaft in dem Sinne, daß betrieblich-technische Entscheidungen individueller Verursacher (Kraftwerks-, Verkehrsemittenten, Schadstoffexporteure) das gesellschaftliche Wohlbefinden und letztlich die physische Gesundheit der Gesellschaft insgesamt in Mitleidenschaft ziehen.

In Bezug auf das „Ökosystem Wald" rechnet das ökonomische System also offenbar falsch: Sowohl das betriebswirtschaftliche als auch das volkswirtschaftliche Rechnungswesen enthält keine bzw. keine ausreichenden Indikatoren (Signale), die eine dem ökologischen System nicht mehr angemessene (d.h. nicht verkraftbare) Schadstoffbelastung verhindern. Das traditionelle Rechnungswesen weist sowohl für die Energiegewinnung als auch bei den Automobilherstellern und den Schadstoffexporteuren (um beim obigen Beispiel zu bleiben) positive Salden auf, obwohl das ökologische System Wald nachweislich wegen der Schadstoffentstehung in diesen Wirtschafts-Bereichen erheblich und teils unwiderruflich geschädigt wird. Verlust hier, Gewinn dort, ein Ausgleich findet nicht statt und ist auch eigentlich nicht vorgesehen.

Das ökonomische Rechnungswesen ist in einer zweiten Weise defizitär, in dem Sinne, daß ihm die für ein ökologisches System typischen Schwellenwert-Phänomene fremd sind. Die Regenerationskraft eines natürlichen Systems geht verloren, wenn bestimmte Grenzen der Belastbarkeit überschritten sind („überkritische chronische Schadstoffbelastung", H. Bossel); es kann sozusagen zwischen guten und schlechten Prozessen unterscheiden. Diese Qualität geht dem ökonomischen Rechnungswesen (bisher) ab; jede ausgegebene Mark, egal von wem für was getätigt, wird positiv verbucht. Es weist selbst dann noch Erfolg aus, wenn bereits große Teile des Produktionswertes nur zur Erhaltung des status quo aufgewendet werden müssen.

Eine der anstehenden Aufgaben ist damit leicht beschreibbar: Möglichst weitreichende „Internalisierung der externen Effekte", d.h. Rückverlagerung der Kosten in die verursachende Wirtschaftseinheit und die Einbindung der „ökologischen Komponente“ in betriebswirtschaftliche Investitionsentscheidungen. Zweifellos ist die Verringerung der externen Effekte der Produktion auf Gesellschaft, Natur und künftige Generationen ein wichtiges strategisches Element zur Harmonisierung von Ökonomie und Ökologie. Bei (Wieder-)Herstellung überschaubarer ökonomischer Kreisläufe wären ökologische Krisenfälle wie Minamata, Seveso, Georgswerder, Bhopal usw. nicht möglich gewesen und nicht wiederholbar. Nur: ist dies wahrscheinlich?

Wirtschaften als Kreislaufprozeß zu begreifen, als Recycling im umfassenden Sinne, hieße systematische Verringerung des Einsatzes nicht erneuerbarer Rohstoffe und der Entstehung nicht abbaufähiger Abfälle – und widerspricht damit einer auf schnellen Durchsatz angelegten Wirtschaft. Recycling ist erst ansatzweise (Altglas, Altpapier, Altreifen, Bleiakkumulatoren) wieder zu einer systematischen ökonomischen Tätigkeit geworden. Die Abkehr von der bloßen Abfallbeseitigung zur integrierten Abfallwirtschaft ist bisher nicht vollzogen. Das liegt teilweise sicherlich daran, daß viele Abfallstoffe nicht oder nur mit großem Aufwand recyclierbar sind. Das liegt zum Teil aber lediglich daran, daß die richtigen Preis- und Kostensignale noch immer nicht gesetzt sind: Müllvermeidung und Energieeinsparung werden z.B. nicht ausreichend begünstigt, ja, vielfach sogar finanziell bestraft. Es liegt zum Teil aber auch an den strukturellen Mängeln des herkömmlichen Rechnungswesens, das hinreichende Kriterien für die Messung von natürlichen Substanzverlusten nicht kennt, so daß man „zunehmendes monetäres Einkommen“ gegen „abnehmendes reales Naturkapital“ eintauscht.

Weil beispielsweise die ökologischen Verluste durch Luft- und Wasserverschmutzung (wie Artenrückgang, Verlust an genetischer Vielfalt) nicht bei denen als Kosten erscheinen und erhoben werden, die sie verursachen, werden sie nicht behoben, sondern nur erlitten. Weil die Unfallkosten des Automobils nicht beim Hersteller sondern – vielfach vermittelt, d.h. nicht überschaubar – beim Nutzer bzw. der Allgemeinheit erhoben werden, hat die Unfallminderung nur relativ geringe Priorität. Würden die Waldschäden von den Waldbesitzern teilweise bei den Automobilherstellern eingeklagt, träte die Automobilindustrie sicherlich längst für ein Tempolimit ein.

Unfallfolgen bzw. Waldschäden sind relativ verständlich kalkulierbar, wenn und in dem Maße wie es um Kategorien geht (Einkommen, Kapital), für die akzeptierte Konventionen entwickelt sind. Schädiger und Geschädigte sind bekannt bzw. leicht feststellbar. Eine Änderung des Schadensersatzrechtes würde in diesen Fällen weitreichende ökologisch positive Wirkungen haben können. Schwieriger ist es, wenn es um ökologisch komplexe und langfristig relevante Effekte geht (externe Effekte auf Natur und künftige Generationen). In der Erfassung und Bewertung ökologischer Nutzen und Kosten liegt ein besonders konzeptuelles Defizit vor, das dringend überwunden werden müßte.

Ansätze zu einer ökologischen Buchhaltung auf Unternehmensebene und zu einer Integration von Umweltaspekten in die volkswirtschaftliche Gesamtrechnung sind jedoch vielversprechend und inzwischen auch, so denke ich, hinreichend getestet. Mit der ökologischen Buchhaltung werden der von einer Wirtschaftseinheit ausgehende Energie-, Material- und Bodenverbrauch, die festen und flüssigen Abfälle berechnet und über Simulation gegebener Knappheiten (Äquivalenzkoeffizienten) Rechnungseinheiten ermittelt, die in die Buchhaltung Eingang finden. Auf diese Weise entsteht nicht nur eine unternehmensinterne Entscheidungshilfe, sondern auch ein öffentliches Informationsinstrument, das zur Bestimmung und Förderung qualitativer Wirtschaftsprozesse (qualitatives Wachstum) beitragen kann (R. Müller-Wenk). Diese Ansätze müßten allerdings allgemein eingeführt und gesetzlich verbindlich werden – ein Schritt, für den sich bisher keine ausreichende politische Unterstützung formiert hat.

Neben dem genannten umfassenden Kreislaufprinzip ist ein zweites ökologisches Prinzip in der modernen Industriegesellschaft nicht mehr gewährleistet: das der *Nachhaltigkeit* der Ressourcennutzung bzw. der Verhinderung des Substanzverzehrs. Waldbesitzer haben sich lange erfolgreich danach gerichtet, „nicht mehr Holz zu schlagen als nachwächst." Dieses Prinzip ist jedoch erodiert: Extern produzierter „saurer Regen" macht intern betriebene Substanzerhaltung zunichte. Die Nachhaltigkeit des privaten „Wald-Kapitals“ wird durch indirekte Enteignung in Form des öffentlich erlebten „Wald-Sterbens“ ersetzt. Die Natur wehrt sich durch Tod ... Wie aber wehrt sich die Gesellschaft?

Es gälte ein anderes Prinzip zu beleben bzw. von anderen Gesellschaften zu übernehmen: das der *Verantwortung und Haftung.* In Bezug auf das Umweltproblem ist das Rechtswesen und damit das wirtschaftliche Verhalten geprägt vom Nachweis der Kausalität: Für Schäden haftet *der* Schädiger, dem der Geschädigte die Verursachung nachweisen kann. In anderen Ländern gilt jedoch das Recht der „Umkehr der Beweislast“: Es genügt die statistische Wahrscheinlichkeit, um umweltverschmutzende Unternehmen gesamtschuldnerisch zum Schadenersatz zu verpflichten! Dieses Prinzip hat – nachdem es nach den ersten dramatischen Umweltschäden zur Anwendung kam – in Japan die Umweltqualität nicht unwesentlich im Sinne der ökologischen Selbstregulierung der Wirtschaft verbessert, den Präventionsgedanken im Umweltschutz gestärkt und die technische Lösung von Umweltproblemen von der ex post-Seite zur ex ante-Seite, vom nachträglichen Einbau von Filtern usw. (end-of-pipe Technologie) zu neuartigen emissionsarmen Lösungen (integrierte Technologie) verlagert. Die konkrete Ausgestaltung des Haftungsprinzips kann in vielfältiger Weise erfolgen: generelle Umwelthaftung; kooperative Altlasten-Fonds; Risiko-Fonds; automatische öffentliche Emissionsanzeige, usw.

Fazit: Die Umweltprobleme sind nicht nur eine Folge der etablierten Wirtschaftsstrukturen, der prekären Abhängigkeit der Wirtschaft von nicht erneuerbaren Rohstoffen und der Herstellung nicht abbaufähiger Abfallstoffe, sie ist auch die Folge einer sozialen Innovationsschwäche in Bezug auf die Anwendung von bzw. Anlehnung an ökologische Prinzipien, d.h. des Defizits an geeigneten Selbststeuerungsmechanismen im unternehmerischen Entscheidungsbereich. Der Frage der besseren Steuerung des ökonomischen Systems durch Modernisierung der Wirtschaftspolitik möchte ich mich abschließend zuwenden.

III. Externe Steuerungsmechanismen – Ökologische Modernisierung der Wirtschaftspolitik?

Die Wirtschaftspolitik der westlichen Industrieländer ist konzeptionell von zwei Grundpositionen (mit unterschiedlichen Schattierungen) geprägt:

– Neoklassik, d.h. im wesentlichen Marktpolitik;

– Keynesianismus, d.h. im wesentlichen aktive Steuerung des Niveaus der Wirtschaftstätigkeit.

Beide Steuerungskonzepte sind vom Ansatz her – ein Phänomen für sich – sehr alt: das eine fast 200, das andere inzwischen 50 Jahre. Jedes hat – ohne daß ich dies hier näher belegen kann – angesichts der vorliegenden ökonomischen und ökologischen Problemkonstellation seine je spezifischen Schwächen. Beiden gemeinsam ist eine hohe Präferenz für quantitatives Wachstum – betrieblich, volkswirtschaftlich, weltwirtschaftlich; beiden fehlt es dagegen an Sensibilität in Bezug auf das Umweltproblem. Ja, man könnte sagen, daß das fast völlige Ausblenden ökologischer Aspekte und der real eingetretenen ökologischen Veränderungen, wie aber auch des inzwischen enorm gestiegenen Umweltbewußtseins der Bevölkerung (H. J. Fietkau) geradezu die zentralen Schwächen dieser traditionellen wirtschaftspolitischen Konzepte sind.

Die Kritik an diesen Grundpositionen hat sich entfaltet, weil die praktizierte Wirtschaftspolitik

– beschäftigungsloses Wachstum nicht verhindert und

– umweltverträgliches Wachstum nicht garantiert hat.

Entsprechend werden die *Leitvorstellungen* und der *Zielkatalog* der Wirtschaftspolitik in Frage gestellt und die Defizite des *Instrumentariums* und der *Institutionen* aufgedeckt, woraus sich eine dritte Grundposition der Wirtschaftspolitik ergibt bzw. entwickeln wird: ökologische Wirtschaftspolitik.

Die vorherrschende Wirtschaftsweise und die sie steuernde Wirtschaftspolitik beruhen auf der *Leitvorstellung* der Erhöhung bzw. Maximierung von Strömungsgrößen: Produktionsvolumen, Einkommen, Gewinn, Umsatz. Boulding hat das vor fünfzehn Jahren auf den Begriff gebracht: „throughput economy – Durchlaufwirtschaft". Dem stellte er die Forderung „spaceship economy – Raumschiffökonomie" entgegen. Schriebe er heute, würde er wohl von „ecological economy – ökologische Wirtschaft" sprechen. Dieses Paradigma schließt eine neue Leitvorstellung ein: Erhöhung der Effizienz bei Erhaltung der Substanz (Bestandsgrößen). Gesichtspunkte wie Umweltverträglichkeit und Ressourcenschonung werden wichtig, die ökologische Modernisierung der Wirtschaft (V. Hauff), der Produkte und der Produktionsprozesse, wird zur Aufgabe.

Auf der *Zielebene* ginge es um Neudefinition und um Ergänzung der Ziele der praktischen Wirtschaftspolitik, besonders um die:

– Qualifizierung des Wachstumsziels;

– Einbindung der „Umweltstabilität" in den Zielkatalog der Wirtschaftspolitik.

Die traditionellen Wachstums-Indikatoren sind in mehrfacher Weise defizitär. Sie sind zu einer Zeit entwickelt worden, als die Umwelt zwar schon ein Problem aber noch kein Thema war, und sie sind seither eigentlich nicht angepaßt worden. Dies ist ein unhaltbarer Zustand, und zwar aus mehreren Gründen:

– Wirtschaftswachstum wird in den engen Grenzen des Güter- und Einkommenskreislaufs bestimmt, der ökologische Stoffkreislauf bleibt dabei ausgeblendet.

– Wirtschaftswachstum ist definiert als Zunahme von Strömungsgrößen, ausgeblendet bleiben deren Auswirkungen auf Umfang und Qualität ökologischer Bestandsgrößen.

– Schließlich ist das traditionelle Wachstumskonzept einschichtig. Im Bruttosozialprodukt werden alle monetären Aktivitäten addiert, unabhängig davon, welche Funktion sie erfüllen. Es umfaßt zunehmend mehr Ausgaben, die als solche nicht positiv zu bewerten sind, sondern die allein wegen der (notwendigen) Kompensation von Schäden entstehen, die zuvor vom Wirtschaftsprozeß erzeugt wurden (sog. „defensive Ausgaben", Chr. Leipert).

Die Qualifizierung der traditionellen wirtschaftspolitischen Erfolgs-Indikatoren müßte daher eigentlich auf der Tagesordnung stehen. Sie kann methodisch in unterschiedlicher Weise und Reichweite erfolgen: von der systematischen Ermittlung der kompensatorischen Ausgaben (Ermittlung der Nettowohlfahrt bzw. des Nettoprodukts), über kombinierte Wachstums-, Beschäftigungs- und Verteilungs-Indikatoren bis zu einem integrierten System von ökonomischen, sozialen und ökologischen Indikatoren.

Was die zweite genannte Aufgabe angeht, so ist die Frage der Verankerung des Umweltziels im Grundgesetz bzw. in den Länderverfassungen diskutiert und länderweise auch durchgeführt worden; offen ist, wie gewährleistet werden kann, daß dies kein Papiertiger wird. Nicht andiskutiert ist dagegen die Frage, auf welche Weise und mit welcher Konsequenz das Ziel „Umweltstabilität" in den Zielkatalog der staatlichen Wirtschaftspolitik (= *neues Stabilitätsgesetz*) aufgenommen und wie die „Kontrolle von rohstoffverschwendenden und umweltbelastenden Unternehmen" zur Aufgabe der Kartellbehörde (= *neues Kartellgesetz*) gemacht werden könnte. Die ökologische Anpassung dieser beiden wichtigen gesetzlichen Grundlagen der staatlichen Wirtschaftspolitik ist längst überfällig.

Die traditionelle Wirtschaftspolitik kennt im wesentlichen nur zwei *Instrumentenkästen* bzw. Maßnahmenbereiche: Geldpolitik und Finanzpolitik. Unter ökologischen Gesichtspunkten sind globale Zins- bzw. Steuerpolitik allein nicht zielführend – mit Ausnahmen: Wenn die Lohnsteuer ganz oder teilweise abgeschafft und eine aufkommenneutrale *Energie- und Ressourcensteuer* eingeführt würde, hätte dies einen positiven Beschäftigungseffekt (relative Entlastung des Produktionsfaktors Arbeit) und zugleich einen positiven Umwelteffekt (relative Belastung des Umweltverbrauchs). Selbst eine graduelle entsprechende Reform des Steuerrechts wäre ein Schritt nach vorn. Die Schaffung eines umweltorientierten Steuer- und Finanzsystems hieße: Abbau aller Mechanismen, die den Umweltverbrauch forcieren und Aufbau von Mechanismen, die ihn reduzieren. Dies schließt verschiedene Detailvorschläge ein, die teilweise bereits diskutiert werden, wie z. B. die (nach Höhe der Folgekosten gestaffelte) *Produktsteuer,* die *Verpakkungssteuer,* einzelne *Schadstoffabgaben* bzw. *Emissionssteuern*

(Schwefelabgabe, Abgas-Steuer, Lärmabgabe), *Umweltanleihen, Umweltkreditgarantien* oder die Einrichtung zinsloser (-günstiger) Kredite für *ökologische Pilotprojekte* (Öko-Banken).

Eine Zwischenbemerkung: Zur Harmonisierung von Ökonomie und Ökologie reicht es natürlich nicht, nur das Instrumentarium der Wirtschaftspolitik zu reformieren. Die Verbesserung und Erhaltung der Umweltqualität erfordert vielmehr die Ökologisierung bzw. Re-Ökologisierung der Politik im weiteren Sinne, verstanden als frühzeitige Berücksichtigung von Umweltbelangen bei der Programmformulierung und Instrumentenwahl in anderen umweltrelevanten Politikbereichen. Die ökologische Bedeutung der Schnittstellen zwischen der Wirtschaftspolitik und diesen anderen Politikbereichen ist indes erst ansatzweise theoretisch bzw. praktisch ausgelotet. Politikbereiche mit potentiell hoher Umweltrelevanz werden bisher nicht oder noch zu wenig unter Umweltgesichtspunkten betrachtet und konzipiert.

Das gilt – mit möglicherweise zunehmender Brisanz – für die Agrarpolitik, die Technologiepolitik, die Verteidigungspolitik und auch die Außenpolitik. Es gilt trotz intensiver Diskussion noch immer für die Energiepolitik und die Verkehrspolitik. Dies gilt weniger für die Arbeitspolitik. Hier ist im Verlaufe der krisenhaften Entwicklungen auf dem Arbeitsmarkt zumindest viel konzeptionelle Arbeit zum Zusammenhang von Arbeitszeitverkürzung, Umweltschonung, Arbeitsplatzschaffung geleistet worden, wenn auch wenig davon bisher in die Praxis umgesetzt ist.

Eine ökologie-orientierte Steuerung des ökonomischen Systems bedarf schließlich und letztlich der *institutionellen Fundierung* – und das heißt: vorhandene Institutionen umpolen, veraltete aufgeben und neue schaffen. Hierbei geht es nicht notwendigerweise um die alte Kontroverse „mehr Markt oder mehr Staat“. Die Harmonisierung von Ökonomie und Ökologie verlangt allerdings – um im Bild zu bleiben – einen *besseren* Markt und einen *besseren* Staat.

Umweltprobleme respektieren in der Regel weder die privaten Eigentumsgrenzen noch die staatlichen Landesgrenzen, und Umweltschutz tangiert die etablierten Zuständigkeiten nationaler und supra-nationaler Institutionen. Weder eine privatrechtliche noch eine nationalstaatliche Alleinkompetenz (Privatisierung der Umwelt vs. Umwelt als staatliches Gut) kann daher eine angemessene Antwort auf die vorhandenen und die zu erwartenden Umweltbelastungen sein. Eine strukturelle Anpassung der Institutionen ist nötig, eine ökologische Reform relevanter Gesetze und Verordnungen muß zu einer systematischen Aufgabe gemacht, eine Umweltaußenpolitik (in Europa, aber auch im Nord-Süd-Kontext) muß entwickelt werden. Die öffentlichen Behörden müßten allgemein mit gutem Beispiel vorangehen, sich selber stärker in die „ökologische Pflicht" nehmen. Ohne zunehmendes ökologisches Wissen aller Institutionen und ohne breite gesellschaftliche Unterstützung werden Umweltprobleme meist nur nachträglich und partiell behandelt, nicht aber vorausschauend verhindert und systematisch gelöst.

Aus all dem ergeben sich bestimmte Mindestanforderungen der ökologie-orientierten *institutionellen Reform:*

– Wirtschafts-Institutionen orientieren sich stärker an den ökologischen Problemen,

– Umwelt-Institutionen erfahren einen Kompetenzzuwachs,

– Einrichtungen der Technologiebewertung und -entwicklung erhalten Umweltkompetenz (sog. „Öko-TÜV"),

– Einrichtungen der Produktbewertung erweitern ihre Kompetenz in Richtung der ökologischen Bewertung der Produkte und Produktionsprozesse (z.B. Öko-TEST)

und letztlich:

– die Prüfung der Umweltverträglichkeit wird zu einem allgemeinen und allgemein verständlichen Bestandteil allen wirtschaftlichen, rechtlichen und politischen Handelns.

IV. Das Fazit

Die Harmonisierung von Ökonomie und Ökologie ist, nach allem was oben gesagt wurde, eine gewaltige intellektuelle und praktisch-politische Aufgabe. Wenn sie gelingen soll, muß ein wichtiger

Bereich unserer gesellschaftlichen Wirklichkeit – die Ökonomie und die sie steuernde Wirtschaftspolitik – inhaltlich erneuert und wissenschaftsmethodisch erweitert werden. Eine Anleihe der Ökonomie an der Ökologie liegt nahe. Einige Beispiele der Anwendung bzw. Nachahmung ökologischer Regelmechanismen wurden aufgezeigt. Sie eröffnen – so denke ich – eine Fülle von Möglichkeiten, das ökonomische System umweltverträglicher zu machen. In der ökologischen Orientierung der Wirtschaft und der Wirtschaftspolitik liegt zugleich (und: schließlich) die einzige Chance, die Interessen von Mensch und Natur in Übereinstimmung zu bringen, d. h. beiden langfristigen Wohl-Stand in des Wortes echter Bedeutung zu garantieren.

Ingomar Hauchler

Vom Wohlstand zur Wohlfahrt

„Es ist möglich, den Preis von allem und den Wert von nichts zu kennen."

Oscar Wilde

I. Umrisse einer neuen gesellschaftlichen Wertrechnung

Die Ökonomie als Wissenschaft und Politik baut auf dem Begriff des „Wertes" auf. In dem Bestreben sich der Exaktheit der Naturwissenschaften anzunähern und den Wert meßbar zu machen, hat sich die Wirtschaftswissenschaft auf den Preis (und als allgemeinen Preis das Geld) als alleinigen Maßstab des Wertes verständigt. In die herrschenden Modelle finden deshalb nur jene Werte Eingang, die monetär quantifizierbar sind. Dieser Reduktionismus führte zum Ausschluß aller Werte, die keinen Preis haben, und zur Berücksichtigung von Preisen, denen kein Wert entspricht. Diese Methode hat den Vorteil, modelltheoretisch und politisch praktikabel zu sein, schränkt jedoch den Geltungsbereich und die Problemlösungsfähigkeit der Ökonomie drastisch ein. Der Ausschluß qualitativer Unterscheidungen macht die herrschende Ökonomie unfähig, die ökologischen, psychischen und sozialen Bedingungen, Probleme und Folgen wirtschaftlicher Aktivität zu verstehen und zu steuern.

Kenneth Boulding sagt, daß die Vernachlässigung der qualitativen Werte zugunsten wissenschaftlicher Exaktheit Generationen von Wirtschaftswissenschaftlern „in eine Sackgasse geführt hat, wobei die Hauptprobleme unseres Zeitalters fast total vernachlässigt werden". Die Ergebnisse sind verheerend. Naturzerstörung,

Verlust nicht regenerierbarer Ressourcen, Massenarbeitslosigkeit, soziale Unsicherheit, zunehmende physische und psychische Erkrankungen und Zerrüttung sozialer Beziehungen während und trotz steigenden Wachstums sind Beweis genug: die Ökonomen haben ihre Aufgabe nicht gelöst.

Das Bruttosozialprodukt als Summe aller in Geld gemessenen Güter und Dienstleistungen die innerhalb einer bestimmten Periode auf dem Markt umgesetzt werden, ist bis heute Leitbegriff zur Beurteilung und Steuerung der wirtschaftlichen Aktivität. Wirtschaftswissenschaftler und Wirtschaftspolitiker, Angebotstheoretiker und Keynesianer, Rechts wie Links orientieren sich daran, obwohl sie wissen, daß das Bruttosozialprodukt ein verfälschender und viel zu enger Maßstab gesellschaftlicher Wohlfahrt ist. Sie verschließen die Augen davor, daß rationale Kalküle, die auf irrigen Annahmen beruhen, einem Blindflug gleichen, bei dem die Instrumente in der Luft zwar tadellos funktionieren, aber falsche Leitsignale vom Boden her zum Absturz führen können.

II. Das Bruttosozialprodukt – ein falsches Leitsignal

Das Bruttosozialprodukt ist ein falsches Leitsignal wirtschaftlicher Aktivität. Darauf ist in zahllosen Veröffentlichungen hingewiesen worden. Wissenschaftler, Regierungsstellen und internationale Institutionen haben Vorschläge gemacht, um die herkömmliche volkswirtschaftliche Gesamtrechnung zu korrigieren und zu ergänzen. Die Kritik umfaßt im wesentlichen folgende Punkte:

a) Das Bruttosozialprodukt (BSP) ist ein aggregierter monetärer Wert, der nichts über Qualität und Nutzen wirtschaftlicher Aktivität aussagt. Es summiert lediglich abstrakte Tauschwerte.

b) Das BSP berücksichtigt nur jene wirtschaftliche Aktivität, die gegen Geld ausgetauscht wird. Alle Leistungen, die ohne Entgelt, also etwa in Haushaltungen, erbracht werden, fallen unter den Tisch.

c) Das BSP bucht Leistungen, die nicht zu zusätzlichem Konsum oder Vermögensbeständen, sondern lediglich zur Erhaltung von Beständen führen (Vorsorge- und Reparaturleistungen), als Wertzuwachs. Tatsächlich müßten sie neutralisiert oder gar negativ verbucht werden, weil dabei Ressourcen eingesetzt werden, die keinerlei Wohlstandseffekt haben.

d) Das BSP vernachlässigt alle Wertminderungen, die durch zusätzliche Produktion und Produkte verursacht werden, aber weder in die Preise Eingang finden noch zu direkten kompensatorischen Marktleistungen führen (externe Kosten).

e) Das BSP an sich sagt nichts über den Grad der aktuellen Bedarfsdeckung aus. Ein steigendes BSP kann bei überproportionalem Anstieg der Investitionsquote zu sinkendem Gegenwartskonsum führen, ohne daß garantiert wäre, daß die Investitionen später zu entsprechend erhöhtem Konsum führen.

f) Das BSP mißt wirtschaftliche Aktivität ohne Rücksicht auf die Einkommensverteilung. Ein steigendes BSP kann bei sinkender Einkommensegalität zu sinkender durchschnittlicher Bedürfnisbefriedigung führen und umgekehrt.

III. Für einen mehrdimensionalen Begriff der Wohlfahrt

Die Kritik am BSP als zentraler Zielkategorie der Wirtschaftspolitik (und Hauptstütze politischer Legitimation) muß zu einer fundamentalen Änderung der *gesellschaftlichen Wertrechnung* führen. Der Weg dahin führt von einer eindimensionalen Definition des Wohlstands zu einem mehrdimensionalen Begriff der Wohlfahrt. Das bedeutet: statt einseitiger Fixierung auf Zuwachs- (Strömungs-) größen – Berücksichtigung von Zuwachs- *und* Bestandsgrößen; statt Beschränkung auf monetarisierte Werte – zusätzliche Berücksichtigung anderer quantitativer und qualitativer Wertindikatoren; statt Reduktion auf Tauschwerte – zusätzliche Einschätzung von Gebrauchswerten.

Der Reduktionismus der herkömmlichen Ökonomie auf Quantität, Geld, Markt und kurzfristigen Zuwachs, der einen schönen, aber falschen Schein wissenschaftlicher Objektivität und politischer Sachzwänge erzeugt, muß aufgebrochen werden. Nur durch

Qualifizierung, Konkretisierung, Gebrauchswertorientierung und Bewertung auch nicht im Markt erbrachter Leistung wie ökologischer und gesellschaftlicher Potentiale kann die Ökonomie an einen umfassenden Begriff der Wohlfahrt und an demokratische Willensbildung gebunden werden.

IV. Ein umfassendes System gesellschaftlicher Wertrechnung

Im folgenden wird der Versuch gemacht, ausgehend von verschiedenen Ansätzen zur Korrektur und Ergänzung der herkömmlichen volkswirtschaftlichen Gesamtrechnung ein umfassendes System *gesellschaftlicher Wertrechnung* zu entwerfen (Schema).

Danach umfaßt die gesellschaftliche Wertrechnung drei Einzelrechnungen, die voneinander abhängige, jedoch nicht kommensurable und deshalb im politischen Dialog auszuhandelnde strategische Zielgrößen wirtschaftlicher Aktivität bestimmen.

Die *Leistungsrechnung* ermittelt den *Netto-Konsum* als monetäre Zielgröße des *Lebensstandards.* Die *Indikatorenrechnung* ermittelt *objektive Daten* und *subjektive Einschätzungen,* die in Abwägung zueinander einen politisch zu bewertenden Maßstab gesellschaftlicher und individueller *Lebensqualität* liefern. Lebensstandard und Lebensqualität bestimmen die *aktuelle Wohlfahrt.* Die *Vermögensrechnung* mißt das *ökologische* und das *gesellschaftliche Kapital* als Potentiale zukünftigen Lebensstandards und zukünftiger Lebensqualität – also Voraussetzung *potentieller Wohlfahrt* und Zukunftssicherung.

Die Optimierung wirtschaftlicher Aktivität hinsichtlich Konsum-, Investitions- und Sparquote, privater und öffentlicher Leistung, des absoluten und relativen Einsatzes von Arbeit, Kapital und natürlichen Ressourcen sowie der Steuerung des technischen Fortschritts zielt auf die Steigerung des Lebensstandards unter Beachtung strikter Mindestbedingungen im Bereich der Lebensqualität und des ökologischen und gesellschaftlichen Potentials. Die Mindestbedingungen von Lebensqualität und Potentialen sind im politischen Dialog periodisch immer neu zu definieren. Untergrenze der ökologischen und gesellschaftlichen Potentiale ist die Erhaltung und in einigen Bereichen die Wiederherstellung dauerhafter natürlicher Lebensgrundlagen. Die Untergrenze des gesellschaftlichen (produzierten) Kapitals hängt von gesellschaftlichen Entscheidungen ab – unter anderem über den technischen Fortschritt und die Präferenzen hinsichtlich gegenwärtigem und künftigem Konsum.

V. Die Leistungsrechnung

Die *Leistungsrechnung* umfaßt alle in einer Periode erstellten Güter und Dienstleistungen und bewertet sie monetär zu Faktorkosten (Inputs). Sie umfaßt die *Marktleistungen,* die *öffentlichen Leistungen* und die *persönlichen Leistungen,* die außerhalb des Marktes für private und gesellschaftliche Zwecke erbracht werden.

Die Bewertung orientiert sich an vergleichbaren Marktleistungen. Die Summe von Marktleistungen, öffentlichen Leistungen und persönlichen Leistungen ergibt die *gesellschaftliche Brutto-Leistung* einer Periode. Diese sagt nichts über den gesellschaftlichen Nutzen. Sie erfaßt lediglich das Niveau des Gesamteinsatzes von Produktionsfaktoren.

Ein Teil entfällt auf Investitionen zur Erhaltung des ökologischen und gesellschaftlichen Kapitals, liefert also keinen zusätzlichen Nutzen. Der andere Teil, die *Netto-Leistung,* entfällt auf *Neuinvestition* und *Konsum.* Diese Investitionen führen zur Erhöhung des ökologischen wie des gesellschaftlichen Kapitals materieller und immaterieller Natur.

Es könnte sich zeigen, daß unter den gegebenen Bedingungen steigender Entsorgungs- und Erhaltungsleistungen die gesellschaftliche Nettoleistung sinkt, auch wenn (unter sonst gleichen Bedingungen) das herkömmlich definierte BSP noch steigt.

Um den aktuellen Lebensstandard zu ermitteln, muß der Konsumwert korrigiert werden. Davon abzuziehen sind die darin enthaltenen Marketingkosten, die nicht ausschließlich der physischen Distribution und Lagerhaltung dienen. Diese setzen den Gütern und Dienstleistungen ja keinen originären Wert hinzu. Dieser Abzug würde angesichts tendenziell steigender Marketingkosten zeigen, daß auch bei Anstieg des Brutto-Konsumwertes der (reale) Netto-Konsum sinken kann.

VI. Die Vermögensrechnung

Die *Vermögensrechnung* quantifiziert alle in einer Gesellschaft vorhandenen Bestände an ökologischem und gesellschaftlichem Kapital. Zum ökologischen Kapital gehören Menge bzw. Qualität aller natürlichen Ressourcen wie Boden, Wasser, Luft, Wald, Raum, Landschaft, Tier- und Pflanzenwelt, Energiequellen und Mineralien. Diese Bestände sind nicht kommensurabel, also je spezifisch zu messen. Es sind Standards im Hinblick auf Umweltqualität und Regenerationsfähigkeit des ökologischen Systems zu fixieren.

Zum gesellschaftlichen Kapital gehören materielle und immaterielle Bestände. Das materielle Kapital besteht aus privaten und öffentlichen Elementen wie Infrastruktur, Versorgungssystem, Produktionsmittel. Das immaterielle Kapital umfaßt bleibende Kulturwerte, physische und psychische Gesundheit, theoretisches und technisches Wissen, Bildungs- und Kommunikationsstand. Ein Teil des gesellschaftlichen Kapitals kann monetär erfaßt und summiert, ein anderer Teil nur pro Einzelfaktor bestimmt werden. Das gesellschaftlich erwünschte Niveau ist politisch zu entscheiden.

VII. Die Indikatorenrechnung

Die *Indikatorenrechnung* ermittelt die Lebensqualität in Gestalt der Outputs ökonomischer Leistungserstellung und ökologischer und gesellschaftlicher Potentiale. Sie bedient sich dabei sowohl *objektiver* wie *subjektiver Indikatoren.* Dies geschieht mit Hilfe von Erhebungen über ökologische und gesellschaftliche Verhältnisse bzw. über Einschätzungen subjektiven Befindens.

Das Maß Partizipation etwa kann sowohl aufgrund der Zahl

der mitbestimmten Betriebe und der betroffenen Arbeitnehmer als auch aufgrund persönlicher Einschätzungen der Arbeitnehmer bewertet werden. Ähnliches gilt für Kriterien wie Gesundheit, individuelle Entwicklung, Bildung, Beschäftigung, Freizeit, Einkommen, Vermögen, Umweltqualität und soziale Beziehungen. Die Veränderung objektiver gesellschaftlicher und ökologischer Indikatoren braucht nicht in die gleiche Richtung zu weisen wie die Änderung subjektiven Befindens.

Die Indikatorenrechnung vermittelt ein multidimensionales Bild der *Lebensqualität.* Es muß hinsichtlich der Entwicklung der einzelnen Indikatoren politisch beurteilt und zur Steuerung der ökonomischen Leistung und der ökologischen und gesellschaftlichen Potentiale herangezogen werden. Auch hier sind Mindeststandards zu fixieren.

VIII. Die Fetische einer materialistischen Kultur entlarven

Das hier vorgestellte Schema ist ein vorläufiger und sehr grober Entwurf einer neuen gesellschaftlichen Wertrechnung. Die einzelnen Komponenten und Zusammenhänge zwischen ihnen müssen näher bestimmt und analysiert werden. Dazu müssen vorliegende Studien und Modelle etwa des japanischen Planungsamtes und der OECD herangezogen und vertieft werden. Insbesondere sind die Interdependenzen zwischen Leistungsrechnung (Inputs), Vermögensrechnung (Potentiale) und Indikatorenrechnung (Outputs) systematisch zu analysieren.

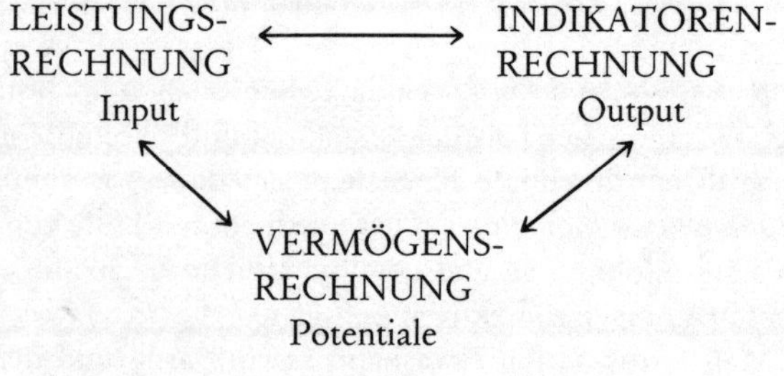

Die Entwicklung einer solchen gesellschaftlichen Wertrechnung, die das Bruttosozialprodukt als zentrale Leitkategorie ablöst, ist mit erheblichen theoretischen und empirischen Problemen verbunden. Sie sind jedoch grundsätzlich lösbar. Schwieriger zu überwinden sind die politischen und ideologischen Widerstände gegen ein solches Konzept. Sie wurzeln in spezifischen Interessenlagen.

Für die herkömmliche Wirtschaftswissenschaft würde die Ablösung des BSP durch ein komplexes, mehrdimensionales Wertsystem die Rechenhaftigkeit, Allgemeinheit, scheinbare Eindeutigkeit und „Eleganz“ ihrer reduktionistischen Modelle zerstören. Das ist unbequem, desillusionierend und führt zu dem Offenbarungseid, daß die herrschende Theorie am Ende ihres Lateins ist. Nur wenige sind so ehrlich wie Milton Friedmann, der bereits 1972 sagte: „Ich glaube, wir Wirtschaftswissenschaftler haben in den vergangenen Jahren viel Schaden angerichtet ..., indem wir mehr versprachen, als wir halten konnten.“ Oder der amerikanische Finanzminister Michael Blumenthal, der 1978 erklärte: „Ich bin wirklich der Ansicht, daß die Wirtschaftswissenschaftler heute vor einer Bankrotterklärung stehen.“

Die Wirtschaftspolitiker halten – oft wider bessere Einsicht – am BSP fest, weil es für sie eine zentrale Basis politischer Legitimation geworden ist. Mit ihm lassen sich immer noch Wachstumsraten errechnen und Wohlstandsillusionen erhalten – auch wenn die Umwelt zerstört wird, die Arbeitslosigkeit steigt, die sozialen Beziehungen brüchig werden und die phyische und psychische Verarmung wächst. Diesen politischen Offenbarungseid möchte kein Politiker und keine große Partei leisten.

Die Ideologen der reinen Marktlehre sind auf das BSP festgelegt, weil damit das gesellschaftliche Denken in rein kommerzielle Bahnen gelenkt wird. Die Entthronung des BSP durch eine umfassende gesellschaftliche Wertrechnung würde starke Zweifel daran aufkommen lassen, daß wir in der besten aller möglichen Welten leben.

Den Sinn solcher Begriffe wie Wohlfahrt, Wohlstand, Wert und Nutzen zu überdenken und neu zu bestimmen, ist eine Aufgabe, die man nicht allein den Ökonomen überlassen darf. Statt der herkömmlichen wirtschaftlichen Prognosen, Eckwerte und Berichte brauchen wir eine gesellschaftliche Berichterstattung, die das BSP und die darauf aufgebauten Begriffe von Wohlstand, Arbeits- und Kapitalproduktivität, Leistung und Erfolg ablöst und als Fetische einer völlig materialistisch gewordenen Kultur entlarvt – einer Kultur, die dabei ist, sich selbst den Boden unter den Füßen wegzuziehen.

Klaus Michael Meyer-Abich

Dialektik des Fortschritts?
Vom sozialen Frieden zum Frieden mit der Natur

Mit Recht wurde die soziale Frage im 19. Jahrhundert durch das Massenelend der industriell Beschäftigten zum Angelpunkt der politischen Bewertung des Industriesystems. Ohne dieses Elend überwunden zu haben, hätte der Industriekapitalismus wohl schwerlich überlebt. Mit Hilfe der marxistischen Volte, gegenwärtiges Elend als Vorstufe eines dermaleinst kommenden Wohlstands zu deklarieren, erwies sich diese Frage jedoch als lösbar, ohne das Industriesystem aufzugeben.

Arbeit und Kapital waren sich nun sogar einig darüber, daß die Industrialisierung jedenfalls vorangetrieben werden sollte. Das Arrangement der entgegengesetzten Einzelinteressen von Kapital und Arbeit innerhalb des Industriesystems hat leider dazu geführt, daß diejenigen, welche den Industrialismus auch noch unter anderen als sozialen Gesichtspunkten politisch bewertet wissen wollten, fortan die Marxisten und Sozialdemokraten gemeinsam mit den Kapitalisten gegen sich hatten.

Um die Wende des 19. Jahrhunderts reagierten die Sozialkritiker sensibel auf Unterprivilegiertheit, soziale Ungleichheit und politische Repression, hatten aber kaum Gefühl für die Zerstörungskraft des Industriesystems hinsichtlich der traditionellen Kultur und der als Heimat erfahrenen Natur. Die Industriekritiker wiederum reagierten sensibel auf die Zerstörung der Landschaft und der Regionalkultur sowie auf die Geschmacklosigkeiten der aufkommenden Massenproduktion, überließen aber das soziale Gewissen weitgehend den Sozialkritikern und sahen nicht, daß die Industrialisierung den Beschäftigten auch Vorteile gegenüber dem Landleben brachte.

Die Trennung der beiden Lager hat dazu geführt, daß
– die Sozialdemokraten zwar das Industriesystem wesentlich mitgeprägt, die Umweltprobleme aber erst in den 70er Jahren des 20. Jahrhunderts entdeckt haben;
– die Natur- und Heimatschützer im konservativen Lager ohne politischen Einfluß blieben.

Das Industriesystem hat also davon profitiert, daß zwei komplementäre, eigentlich zusammengehörige und einander keineswegs ausschließende Kritiken der Industrialisierung politisch in entgegengesetzten Lagern standen. Dadurch, daß sie einander gegenseitig blockiert haben, war es leider möglich, länger als ein Jahrhundert auf Kosten des Ganzen zu wirtschaften.

I. Ökologische Fragen wurden vernachlässigt

Tatsächlich gab es auch in Deutschland – mit einer deutlichen Zeitverschiebung gegenüber England – bereits seit der Mitte des 19. Jahrhunderts beträchtliche Umweltzerstörungen. Vor allem die Verschmutzung der Flüsse durch Abwässer erreichte bald so beunruhigende Ausmaße, daß z. B. – wie Wilhelm Raabe in „Pfisters Mühle" berichtet – „jeder, der im neunzehnten Jahrhundert einen Garten und eine Mühle an dem lieblichen Wasser liegen hat(te), auf mancherlei Überraschungen gefaßt sein muß(te)". Auch in der Luft kannte man alsbald den „gelehrten, scheußlichen und wissenschaftlichen Geruch zum Besten der Welt und der Industrie". Und die Eisenbahn – Vehikel der industriellen Wirtschaft im 19. wie das Auto im 20. Jahrhundert – gab das erste Beispiel für die gewaltsame Anpassung der Landschaft an einen bestimmten Stand der Technik.

Während die Umweltverschmutzungen zunächst lokal begrenzt blieben, wurde die Landschaft bereits in den 1870er Jahren durch Zersiedelung, Rationalisierung in der Landwirtschaft (z. B. Flurbereinigung), Bachbegradigungen etc. in großem Umfang zerstört. „Zähneknirschende Wut faßt einen, sieht man die grauenhafte Verschandelung der deutschen Landschaft", rief der Heimatdichter Hermann Löns 1911 in einem Vortrag aus. „Haben Sie noch die wunderbare krause Landschaft gefunden, die Dürer mit so viel Lust und Liebe malte? Eine langweilige, baum- und buschlose Getreidesteppe haben Sie gefunden, vollgeklext mit üblen Fabriken, scheußlichen Ziegelrohbauten, protzigen Landhäusern und unmöglichen Kirchtürmen".

Wodurch es zu diesen Zerstörungen kam, lag auf der Hand. „Es ist der Kampf gegen den rücksichtslos das Gewordene und seine Schönheiten zerstörenden Kapitalismus, der in letzter Linie bei allen Fragen des Heimatschutzes zugrunde liegt", erklärte Karl Johann Fuchs in seinem Grundsatzreferat auf dem internationalen Heimatschutzkongreß 1912.

Die Natur- und Heimatschützer, deren gemäßigter, „conwentzioneller" Flügel unter der Führung von Hugo Conwentz sich von vornherein auf den Schutz einzelner Naturdenkmäler beschränkte, blieben gegen die Macht des Industrialismus jedoch im wesentlichen erfolglos. Schon im Kaiserreich lieferten die neoromantischen Industriekritiker nur den „germanischen und nationalstolzen Kulissenzauber, hinter dem die Industrialisierung betrieben wurde, deren Auswirkungen sie ablehnten. Die eigentlichen Herrschaftsträger in Industrie, industrieller Landwirtschaft, im Militär und in der staatlichen Bürokratie waren effizient, modern, rational, wenn auch monarchisch feudal aufgeputzt" (Sieferle 1984, 207).

Hatte der Sozialismus es den linken Industriekritikern ermöglicht, sich mit dem Industriesystem in der Hoffnung auf eine bessere Zukunft zu arrangieren, fanden die Neoromantiker keine vergleichbare Lösung und sind in ihrer Hilflosigkeit später vielfach auf den Nationalsozialismus hereingefallen. Oswald Spengler wertete den „Pazifismus im Kampfe gegen die Natur" (1931, 81) gleichzeitig als ein Zeichen des kulturellen Verfalls.

Der Nationalsozialismus war eine sehr heterogene Bewegung, deren innere Gegensätze von Hitler immer wieder so ausbalanciert wurden, daß er seine Kernziele – die Vernichtung der Juden und die Erweiterung Deutschlands nach Osten – ungehindert verfolgen konnte (Jäckel 1981). Den Natur- und Heimatschützern entgegenzukommen, war dabei nur in sehr engen Grenzen möglich. Das einzige wirklich überzeugende Beispiel gab es ausgerechnet im Straßenbau, nämlich die landschaftliche Einbettung der Autobahnen durch Alwin Seifert im Rahmen der Organisation Todt (vgl. Seifert 1941). Die landschaftliche Einpassung der damaligen Autobahnen ist für den bundesrepublikanischen Straßenbau leider nicht zum Vorbild geworden.

Im wesentlichen aber und „von seinem Ergebnis her war der Nationalsozialismus eine technokratische Bewegung in romantischem Gewand" (Sieferle a.a.O., 221). „Rang [...] der gewissenhafte Naturschützer vorher" (vor 1933) „schon die Hände, so konnte er jetzt zusätzlich noch ‚blutige Tränen' weinen. Denn von nun an begannen sich die naturzerstörenden Kräfte ins Unermeßliche zu steigern. Für Millionen Arbeitslose sollte Beschäftigung gefunden werden; der Arbeitsdienst wurde auf die Landschaft losgelassen; die Ideen der autarken Wirtschaft forderten das Verschwinden noch verbliebener Naturreserven in Heide, Wald, Moor und Gewässer; sie beanspruchten alles ‚Ödland' für Aufforstung, landwirtschaftliche Kultur usw. [...] So war die Lage schlechterdings verzweifelt, der Naturschutz 1933 vom Regen in die Traufe gekommen" (Klose 1957, 32).

In der rückblickenden Bewertung steht die Härte der Industrialisierung im Dritten Reich derjenigen in der Bundesrepublik nicht nach. Tatsächlich ist damals sogar noch härter industrialisiert worden, als es in der Nachkriegszeit der Fall war.

Der Nationalsozialismus war für viele Natur- und Heimatschützer, die auf ihn hereinfielen, wohl nur eine letzte, manchmal vielleicht sogar verzweifelte Hoffnung und hat sie in Wirklichkeit bitter betrogen. Trotzdem hat das braune Gerede von Heimat, Blut und Boden die emotionalen Werte der Natur- und Heimatverbundenheit so nachhaltig diskreditiert, daß wir jahrzehntelang nicht gemerkt haben, in welchem Maß unsere Heimat durch die industrielle Wirtschaftstätigkeit zerstört worden ist.

Ich berichte zur Veranschaulichung ein persönliches Erlebnis. Für mich ist es sowohl geistesgeschichtlich und philosophisch als auch von meiner eigenen, christlich-naturverbundenen Erziehung her ein naheliegender Gedanke, daß die Welt insgesamt beseelt ist, nicht nur die Menschen. Dafür war in der Bundesrepublik aber noch in den 70er Jahren kaum Verständnis zu finden. Die Sozialwissenschaftler hatten keinerlei Sinn für die Natur; die Naturwissenschaftler hielten es für einen Fortschritt, der Hypothese „Seele" nicht zu bedürfen; und Arbeit und Kapital lebten von der Ausbeutung der natürlichen Mitwelt. Als ich dann mal jemand fand, für den es ebenso selbstverständlich wie für mich war, daß Pflanzen eine Seele haben, freute ich mich. Obendrein war ich etwas beschämt, weil ich dem Betreffenden gegenüber zuvor starke Reserven gehabt hatte. Da sieht man wieder mal, so dachte ich, was für verborgene Qualitäten die Leute manchmal haben. Noch etwas später aber wurde mir klar: Ich war einem alten Nationalsozialisten begegnet.

Umgekehrt tut man bis heute gut daran, sich überdurchschnittlicher Geschichtskenntnisse zu versichern, wenn man Autoren wie z. B. Alwin Seifert in Schutz nimmt. Die Vorgeschichte macht auch verständlich, daß die CDU/CSU, soweit sie eine konservative Partei ist, mit dem Konservativismus noch bei der Technokratie der 50er Jahre stehenbleibt. Damit ist auf die Dauer allerdings kein Staat zu machen.

II. Frieden mit der Natur

Unter den gegebenen Umständen kann die Initiative zum Frieden mit der Natur in der Politik schon wegen der Schwäche des Konservativismus also am ehesten von der sozialdemokratischen bzw. linken Seite kommen. Die Sozialdemokratie trägt dafür vor allem aber auch eine historische Verantwortung, weil unser Verhältnis gegenüber der natürlichen Mitwelt inzwischen ein dringlicheres Problem geworden ist als die sozialen Fragen, und weil es im vergangenen Jahrhundert wegen der damals größeren Dringlichkeit hinter diesen zurückgestellt worden ist. Der sozialdemokratischen Politik ist die soziale Gerechtigkeit der Industriegesellschaft weitgehend zu verdanken, aber sie ist auch mitverantwortlich für die

Fehler dieser Gesellschaft und mitschuldig an ihrem Absolutismus gegenüber der natürlichen Mitwelt.

Das erste Jahrhundert sozialdemokratischer Politik stand, von heute aus gesehen, ganz im Zeichen der unheiligen Allianz von Kapital und Arbeit zur Lösung der sozialen Frage auf Kosten der Natur. Es ging um „Wohlstand für alle" durch „Macht über die Naturkräfte", wie es noch in der Präambel zum Godesberger Programm (1959) der SPD hieß. Nicht nur eine kleine Schicht von Privilegierten, sondern alle sollten teilhaben an dem Ertrag der industriellen Wirtschaft. Es wurde aber nur das Verteilungsproblem gesehen, nicht der Preis der Industrialisierung. „Im ganzen [...] wurde doch stets der industrielle Fortschritt in seiner existierenden Gestalt bejaht und jede Kritik an ihm als reaktionäre Maschinenstürmerei zurückgewiesen" (Eppler 1984, 128).

Wäre die Menschlichkeit von den Sozialisten nicht nur unter Menschen, sondern auch gegenüber der natürlichen Mitwelt gesucht worden, hätten Natur- und Heimatschützer nicht auf den Nationalsozialismus zu setzen und an ihm zu scheitern brauchen. Zwar gab es in der Arbeiterbewegung auch die Jugendorganisation der „Naturfreunde", aber sie war für die sozialdemokratische Politik ohne jede Bedeutung.

Die Sozialdemokraten glaubten eben an den technischen Fortschritt oder an Francis Bacons Traum vom technologischen Rückweg ins Paradies. Bis zum Ende der 60er Jahre ist kaum erkennbar, wodurch sich die Ziele ihrer Politik, was den Naturzusammenhang des menschlichen Lebens angeht, von Huxleys „Schöner neuer Welt" oder von Arthur C. Clarkes Glasglockenstadt Diaspar, in der sich die Menschheit wirklich aus der übrigen Natur davongemacht hat, unterscheiden.

Ein neuer Ton im sozialdemokratischen Verhältnis der Natur wurde erstmals knapp einhundert Jahrte nach der Gründung des Allgemeinen Deutschen Arbeitervereins angeschlagen, als Willy Brandt im Bundestagswahlkampf 1961 den „Blauen Himmel über der Ruhr" als ein Ziel der Politik proklamierte. Hier wie auch in der Kleinen Umweltpolitik der sozialliberalen Koalition in den 70er Jahren sollte zwar die natürliche Mitwelt nur um des Menschen und seiner Gesundheit willen politisch berücksichtigt werden, aber die Natur war damit jedenfalls erst einmal überhaupt zu einem Thema der Politik geworden.

Große Verdienste für die sozialdemokratische Umweltwahrnehmung hat vor allem Erhard Eppler. Inzwischen verbreitet sich die Einsicht, daß die Kleine Umweltpolitik der 70er Jahre gescheitert ist und daß es einer grundsätzlichen Erneuerung des industriegesellschaftlichen Naturverhältnisses bedarf. Ein Schritt in dieser Richtung war die Aufnahme des Friedens mit der Natur in den politischen Zielkatalog der SPD durch das Dortmunder Wahlprogramm von 1983 (Meyer-Abich 1982).

Über dieses Wahlprogramm hinaus bedarf es noch der grundsätzlichen Verständigung, was unter dem Frieden mit der Natur zu verstehen sein soll. Bei der notorischen Oberflächlichkeit der durchschnittlichen Politik müßte ich sonst befürchten, durch das gängige Wort vom Frieden mit der Natur lediglich die alte, unzureichende Politik mit einem schönen Schein der Erneuerung versehen zu haben. Um diesem Schicksal vorzubeugen, habe ich nach dem Bundestagswahlkampf 1983 in einem Buch über „Wege zum Frieden mit der Natur" (1984) zusammengefaßt, was meines Erachtens die Bedingungen des Friedens mit der Natur sind. Die zentrale Botschaft ist, daß wir die Natur nicht nur aus Eigennutz, sondern um ihrer selbst willen zu achten haben. Das anthropozentrische Weltbild, nach dem alles, was um uns ist, nichts als für uns da ist, ist falsch. Ich spreche deswegen von unserer natürlichen *Mit*welt, die nicht nur unsere Umwelt ist, und schlage vor, den Tieren, Pflanzen und Landschaften auch eigene Rechte zuzuerkennen.

Eine nicht anthropozentrische Umweltpolitik entspricht in der Sozialdemokratie noch lange nicht dem Stand des politischen Bewußtseins, nicht einmal in der „Grundwerte-Kommission" der Partei (Eppler 1984, 129).

Ich meine allerdings, daß sich erst in einer Politik des Friedens mit der Natur der Weg vollenden würde, dem die Sozialdemokraten von Anfang an gefolgt sind. Das ursprüngliche Leitmotiv ihrer Politik war und ist nämlich die Verallgemeinerung der liberalen

Forderungen Freiheit, Gleichheit und Brüderlichkeit bzw. Solidarität. In den politischen Zielvorstellungen der SPD ist mit dieser Verallgemeinerung bisher vor der natürlichen Mitwelt haltgemacht worden. Dafür aber gibt es heute keine vertretbaren Gründe mehr.

III. Aufhebung der Ausbeutung in jeder Gestalt

Der Schritt, auf den es meines Erachtens jetzt ankommt, ist in den sozialdemokratischen Parteiprogrammen seit mehr als hundert Jahren vorgezeichnet. Bereits im Gothaer Programm hieß es, Ziel sei „die Aufhebung der Ausbeutung in jeder Gestalt" (1875), und im Erfurter Programm von 1891 – dem grundlegenden Dokument der SPD-Geschichte vor dem Ersten Weltkrieg – wurde diese Forderung noch etwas ausführlicher wiederholt: „Die Sozialdemokratische Partei Deutschlands [...] bekämpft [...] in der heutigen Gesellschaft nicht bloß die Ausbeutung und Unterdrückung der Lohnarbeiter, sondern jede Art der Ausbeutung und Unterdrükkung, richte sie sich gegen eine Klasse, eine Partei, ein Geschlecht oder eine Rasse."

Genauso stand es später im Heidelberger Programm von 1925. Dabei war nun zwar noch nicht daran gedacht worden, daß außer der Ausbeutung von Menschen durch Menschen auch die der Natur mit Hilfe der sozialdemokratischen Politik ein Ende finden sollte; dies beweist schon der erste Satz des Gothaer Programms: „Die Arbeit ist die Quelle allen Reichtums", in dem also – worauf Marx polemisch hinwies – die Natur vergessen worden ist. Dennoch ist die Sozialdemokratie die einzige politische Kraft, deren elementare politische Aktionsrichtung der allgemeine Kampf gegen jede Art der Ausbeutung ist. Dieser Impuls sollte sich jetzt auch gegen die Ausbeutung der natürlichen Mitwelt richten.

Die Sozialdemokratie ist es nach alledem in doppelter Hinsicht ihrer eigenen Geschichte schuldig, heute für eine nicht anthropozentrische Umweltpolitik einzutreten. Erstens hat die unheilige Allianz zwischen Arbeit und Kapital zugunsten einer Industrialisierung auf Kosten der Natur dazu beigetragen, daß die Natur- und Heimatschutzkritiker des Industriekapitalismus gescheitert sind. Zweitens sollte diejenige politische Kraft, deren oberstes Ziel die Gerechtigkeit und der Kampf gegen die Ausbeutung jeder Art ist, dieses Ziel heute wiederum dort zu verwirklichen suchen, wo es am dringendsten angebracht ist, außer in der Entwicklungspolitik also vor allem in der Umweltpolitik.

Soweit die Sozialdemokratie den Frieden mit der Natur zum Ziel ihrer Politik macht, könnte es auch der CDU/CSU leichter fallen, der konservativen Industriekritik gerecht zu werden und sich damit über die Technokratie der 50er Jahre hinauszutrauen. Die Grünen wiederum versuchen mit Recht, hinter die historische Sezession der Sozialdemokraten aus der Kritik der Industrialisierung zurückzugehen. Ohne die Sozialdemokratie selbst aber gebe ich dem Frieden mit der Natur politisch keine Chance.

Literaturverzeichnis

Dowe, Dieter/Klotzbach, Kurt (Hg.): Programmatische Dokumente der deutschen Sozialdemokratie. Berlin/Bonn 1984.

Eppler, Erhard (Hg.): Grundwerte für ein neues Godesberger Programm – Die Texte der Grundwerte-Kommission der SPD. Reinbek 1984.

Jäckel, Eberhard: Hitlers Weltanschauung. Stuttgart 1981.

Klose, H.: Fünfzig Jahre staatlicher Naturschutz. Gießen 1957.

Meyer-Abich, Klaus M.: Wege zum Frieden mit der Natur – Praktische Naturphilosophie für die Umweltpolitik. München 1984.

Meyer-Abich, Klaus M.: Thesen zur Beratung von Hans-Jochen Vogel. Politik – Aktuelle Informationen der Sozialdemokratischen Partei Deutschlands Nr. 12, Bonn 1982.

Seifert, Alwin: Im Zeitalter des Lebendigen – Natur, Heimat, Technik. Planegg 1941.

Sieferle, Rolf-Peter: Fortschrittsfeinde? Opposition gegen Technik und Industrie von der Romantik bis zur Gegenwart. München 1984.

Spengler, Oswald: Der Mensch und die Technik. Beiträge zu einer Philosophie des Lebens. München 1931.

Hans-Joachim Fietkau

Umweltbewußtsein und Umweltkrise

1978 stellte der Rat von Sachverständigen für Umweltfragen in seinem Gutachten im Rückblick auf die 70er Jahre fest, daß in der öffentlichen Meinung der Bundesrepublik Deutschland Umweltfragen einen zentralen Stellenwert bekommen haben. Umweltschutz wurde zu einer der dringendsten staatlichen Aufgaben. Eine große Mehrheit der Bevölkerung erklärte sich bereit, auch persönliche finanzielle Opfer für Umweltschutzaufgaben zu bringen: Ein schärferes Vorgehen gegenüber Umweltsündern wurde gefordert.

Seither hat das Umweltthema kaum an öffentlicher Aufmerksamkeit verloren: Keine politische Partei kann es in den Hintergrund drängen. Die Medien berichten täglich über neue Formen der Umweltbelastung. Die Wahlergebnisse machen deutlich, daß Umweltgesichtspunkte Wahlentscheidungen beeinflussen können. Umweltschonende Eigenschaften von Produkten sind für die Industrie zu Werbeargumenten geworden. Diese Alltagsbeobachtungen lassen sich eindrucksvoll durch Ergebnisse von Meinungsumfragen untermauern.

Trotz des sehr hohen öffentlichen Konsenses über die Dringlichkeit von Umweltschutz ist gerade dieser Politikbereich zu einem Kristallisationspunkt politischer Spannungen geworden. Mit der Umweltpolitik der Bundesregierung waren 1980 45% und 1982 50% der Befragten in einer allgemeinen Bevölkerungsumfrage unzufrieden. Das Vertrauen der Öffentlichkeit in diesem Politikfeld richtet sich weniger auf den Staat und weniger auf die politischen Parteien als auf die neue Umweltbürgerbewegung, die in der öffentlichen Meinung ein hohes Maß an Zustimmung und Unterstützung findet (1982 63% Zustimmung zu Umweltschutzbürgerinitiativen).

Das Mißtrauen ist aber wechselseitig. Ebenso wie „die Bürger" „denen da oben" mißtrauen, mißtrauen die staatlichen und nichtstaatlichen umweltpolitischen Funktionsträger häufig dem Bürger. In groß angelegten Plakataktionen versuchen unterschiedlichste Organisationen, die Bürger zum Umweltbewußtsein zu erziehen. Die Industrie bezweifelt die Bereitschaft der Konsumenten, für umweltschonende Produkte Mehrkosten in Kauf zu nehmen. Politische Parteien zögern mit Blick auf Wählerstimmen, durchgreifende Umweltschutzinitiativen auf den Weg zu bringen, die auch Einschränkungen mit sich bringen würden etc.

Die immer wieder aufkommenden Zweifel am Umweltbewußtsein des anderen nähren sich aus den Verhaltensbeobachtungen des jeweiligen Partners. „Wenn die Politiker umweltbewußt wären, würden sie in der Gesetzgebung schärfer vorgehen" oder „Wenn der Bürger wirklich umweltbewußt wäre, müßte er sich anders verhalten". So meint jeder dem jeweils anderen ein besseres Bewußtsein verordnen zu müssen. Identische Verhaltensweisen werden unterschiedlich interpretiert, je nachdem, ob man sie selbst vollzieht oder bei einem anderen beobachtet. Benutze ich statt öffentlicher Nahverkehrsmittel meinen PKW, sehe ich als Ursache die vielen guten sachlichen Gründe: beobachte ich dieses Verhalten beim anderen, ist es bei ihm das mangelnde Umweltbewußtsein.

I. Unzureichendes umweltbezogenes Handeln

Der Versuch, über eine Verbesserung des Umweltbewußtseins zu umweltgerechterem Handeln zu gelangen, stellt derzeit einen falschen Ansatz dar:

– der Mangel an umweltgerechtem politischem bzw. individuellem Handeln ist nicht als Ausdruck mangelnden Umweltbewußtseins zu sehen.

– Umweltbewußtsein ist eine notwendige, aber keineswegs eine hinreichende Bedingung für umweltbezogenes politisches und individuelles Handeln.

Eine psychologische Umweltforschung, die ihren Beitrag zum

Aufbau und zur Stabilisierung umweltgerechteren Handelns leisten will, darf sich nicht auf den Aspekt des Umweltbewußtseins einengen lassen, insbesondere scheint es notwendig, umweltbezogene Entscheidungen und Handlungen auch einer psychologischen Analyse zugänglich zu machen. Handlungen müssen aufgefaßt werden als das Ergebnis eines komplizierten psychischen Verarbeitungsprozesses, und sie müssen in einem vielschichtigen Rückkoppelungsprozeß zwischen dem Handelnden und einer natürlichen und sozialen Umwelt beschrieben werden.

Erst im Kontext eines theoretischen Modells, das die Interaktion zwischen Mensch und Umwelt beschreibt, werden Einzelaspekte wie Umweltbewußtsein einordenbar und verständlich. Das Modell

Aktionsmodell Mensch – Umwelt

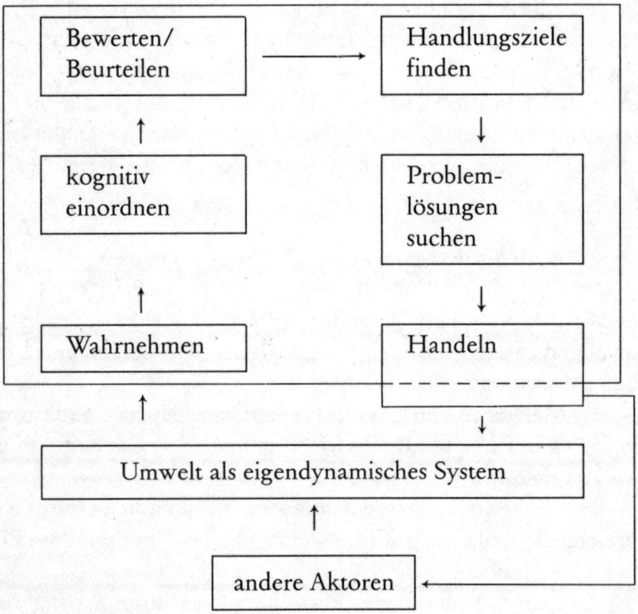

stellt eine vergröbernde Schematisierung dar; es kann derzeit weniger dazu dienen, Antworten zu geben als vernünftige Fragen zu stellen, und bislang weniger beachtete personale Bedingungen für umweltgerechtes Handeln in die Diskussion einzubringen.

Der Umgang des Menschen mit seiner Umwelt ist in vielfältiger Weise durch subjektive Verarbeitungen geprägt. Die Informationen, die der Mensch von seiner Umwelt hat, sind durch die menschlichen Erkenntnismöglichkeiten begrenzt. Die Auswahl der aufgenommenen Informationen unterliegt einer Vielzahl von Verzerrungen und Blockierungen, sie werden in vorhandene und oft wenig geeignete Denkschemata eingeordnet. Die Umweltinformationen, die uns zur Verfügung stehen, sind mehr und mehr Informationen aus zweiter Hand (vermittelt durch Wissenschaft und Medien), d.h. sie gehen nicht auf eine unmittelbare persönliche Umwelterfahrung zurück. Als Folge werden die Informationen nach der Glaubwürdigkeit der Informationsquelle gewichtet. Umweltprobleme und zuzuordnende Problemlösungsstrategien werden in allgemeinere gesellschaftliche Grundüberzeugungen eingeordnet: So stehen sich technologisch und gesellschaftlich orientierte Lösungsansätze gegenüber, die sich im politischen Raum stoßen und die in ihrer Genese weniger von der Natur der Probleme als von den Sozialisationserfahrungen der Urteilenden abhängig sind. Auch sind die Bewertungen der Dringlichkeit unterschiedlicher umweltbezogener Problembereiche weniger durch die Verschiedenartigkeit der Probleme selbst als durch allgemeine Stereotype bestimmt. Aus dieser mindestens intersubjektiv höchst heterogenen Problemsicht heraus wird es sehr schwierig, Handlungsziele zu formulieren: dies insbesondere dann, wenn umweltbezogene Zielvorstellungen und andere gesellschaftliche Aufgaben sich vermeintlich oder tatsächlich ausschließen. In diesem relativ diffusen und in sich sehr komplexen Problemfeld, das für den Handelnden mit großen Handlungsunsicherheiten verbunden ist, wird es sehr schwer, intra- und intersubjektiv sicher und gesichert Problemlösungsstrategien zu entwickeln. Die Forschung, die sich mit den Möglichkeiten des Menschen beschäftigt, mit komplexen, wenig durchschaubaren und in der Zielsetzung heterogenen Aufgaben umzugehen, zeigt die Grenzen menschlicher Problemlösefähigkeit gegenüber solchen Aufgaben sehr deutlich. So kann es nicht verwundern, daß neben dem Versuch, die Umweltprobleme aktiv anzugehen, eine resignative Haltung ebenso häufig zu beobachten ist, wie der Versuch, durch kompensatorische Ersatzlösungen wenigstens individuell und kurzfristig den Umweltbelastungen zu entgehen.

II. Lernorientierte Experimentiergesellschaft

Die skizzierten „Subjektivismen" im Umgang des Menschen mit der Umwelt sind nun keineswegs allein charakteristisch für den berühmten „Mann auf der Straße"; sie betreffen in gleicher Weise Umweltpolitiker und Experten. Die durchweg verfehlten Energieprognosen der Experten vom Ende der 70er Jahre, die aus heutiger Sicht unverständlichen Bausünden der Vergangenheit, das sehr späte Bewußtwerden des Waldsterbens trotz lange vorliegender Warnungen und Informationen stimmen wenig zuversichtlich, daß unsere heutige Beurteilung der Umweltsituation und die heute präferierten Lösungsvorstellungen mittelfristig wissenschaftlich und politisch werden bestehen können. Es scheint realistischer, davon auszugehen, daß auch unsere heutigen Vorstellungen über eine „gute Umweltpolitik" fehlerbelastet sind und daß wir auch heute kaum die Problemfelder von morgen erkennen können.

Eine realistische, langfristig angelegte präventive Umweltpolitik darf sich diesen Überlegungen nicht verschließen. Sie muß ihre eigene Begrenztheit und ihre potentielle Fehlerhaftigkeit berücksichtigen. Umweltpolitik ist in besonderer Weise mit derartigen Unsicherheiten belastet: Umweltbezogenes (politisches) Handeln richtet sich auf ein eigendynamisches System, das auch ohne menschliche (politische) Eingriffe Veränderungen unterliegt, dessen Gesetzmäßigkeiten wir kaum kennen und für das wir deshalb kaum unsere Handlungsfolgen abschätzen können. Der Zustand des ökologischen Systems ist von den wachsenden Eingriffsmöglichkeiten moderner Industriegesellschaften und den beschleunigt ablaufenden gesellschaftlichen und technologischen Entwicklungen in hohem Maße abhängig. Die Probleme, denen wir uns gegenübersehen, sind infolgedessen beinahe täglich neu („Schadstoff der Woche“) und erfordern oft schnelles Handeln. Umweltpolitik hat keine Tradition wie andere Politikbereiche, in denen weit mehr Erfahrungen mit politischen Steuerungsinstrumenten vorliegen.

Diese Überlegungen sollen nun nicht als agnostisch und politikfeindlich mißverstanden werden. Eine realistische Umweltpolitik, die den skizzierten Unsicherheiten Rechnung trägt, erfordert gesellschaftliche Rahmenbedingungen, die unter dem Schlagwort „lernorientierte Experimentiergesellschaft“ zusammengefaßt werden können. Die lernorientierte Experimentiergesellschaft erfordert eine Umorientierung in Politik und Öffentlichkeit.

Die Reichweite großtechnologischer Grundentscheidungen in modernen Industriestaaten läßt die Gefahr größer werden, daß technologisch/politische Weichenstellungen auch dann kaum noch in ihren Auswirkungen begrenzt werden können, wenn sie sich als umweltbelastend oder sozial unverträglich herausstellen. Wir stehen vor der Aufgabe, unser politisches und technologisches Handeln reversibel zu halten, d.h. räumlich und zeitlich begrenzbar zu gestalten. Dies ist sicher deshalb schwierig, weil bestimmte Technologien bestimmte Größenordnungen erfordern. Die Reversibilität von Entscheidungen wird jedoch nicht allein durch technologieimmanente Strukturmerkmale behindert, sie wird mindestens genauso durch die Überzeugung verhindert, daß es politisch nicht opportun sei, eigene Planungsfehler nach außen dringen zu lassen. Wir müssen zu einem neuen Politikverständnis kommen, in dem nicht der Irrtum diskreditiert ist, sondern das Festhalten an ihm.

Wir brauchen einen gesellschaftlichen Ordnungsrahmen, der eine schnelle Rückmeldung von Planungsfehlern an Entscheidungsträger ermöglicht. Die Aufgabe der Wissenschaft in einer lernorientierten Experimentiergesellschaft besteht weniger in der ohnehin wohl kaum möglichen Prognose und Entwicklung von Großkonzepten, sondern vielmehr in der Evaluation unterschiedlichster umweltpolitischer Maßnahmen. Eine wichtige Rolle, die die Wissenschaft hier übernehmen kann, ist die eines Frühwarnsystems.

Da die große langfristig erfolgversprechende Umweltkonzeption wohl auch absehbar kaum in Sicht kommen wird, brauchen wir eine Vielzahl gesellschaftlicher und technologischer Experimente. In diesem Sinne stellen die aufkommenden alternativen Produktions- und Lebensformen möglicherweise die lebensnotwendige Erfahrungsbasis für die Gestaltung einer umweltgerechten Industriegesellschaft dar. Es wird vielleicht künftig wichtiger werden, derartigen gesellschaftlichen Experimenten, die quasi autonom entstehen, günstigere Rahmenbedingungen und Entwicklungschancen zu geben, statt nach der einen großen, vermeintlich vielversprechenden Lösung zu suchen. In der Vielfalt liegen die Lernchancen, die eine moderne Industriegesellschaft notwendig braucht.

Die Vielfalt nebeneinander existierender Produktions- und Lebensformen ist nicht allein als Quelle für Erfahrungen erforderlich. Wahrscheinlich sind gesellschaftliche Systeme ebenso wie natürliche Ökosysteme dann stabiler und an wechselnde Lebensbedingungen anpassungsfähiger, wenn sie nicht einem großen Prinzip gehorchen, sondern aus einer Vielzahl sich selbst wechselseitig beeinflussender und korrigierender hochvernetzter Teilsysteme bestehen.

Literaturhinweise

Der Rat von Sachverständigen für Umweltfragen: Umweltgutachten 1978. Stuttgart/Mainz: Kohlhammer 1978.

Dörner, D.; H. W. Kreuzig; F. Reither; Th. Ständel (Hrsg.): Lohhausen. Vom Umgang mit Unbestimmtheit und Komplexität. Bern/Stuttgart/Wien: Huber 1983.

Fietkau, H. J.: Bedingungen ökologischen Handelns. Gesellschaftliche Aufgaben der Umweltpsychologie. Weinheim/Basel: 1984.

Hermann Bachmaier

Umweltschutz ins Grundgesetz

Einhellig verkünden alle, Politiker, Arbeitnehmer- und Arbeitgebervertreter, Journalisten, Wissenschaftler: Die Erhaltung einer menschenwürdigen Umwelt in Gegenwart und Zukunft ist eine der zentralen politischen Aufgaben, der sich kein verantwortlich Handelnder entziehen kann. Wir und die kommenden Generationen sind für unsere Existenz auf eine weitgehend intakte Umwelt, auf genießbares Wasser, nutzbaren Boden, saubere Luft, eine intakte Pflanzen- und Tierwelt, auf einen funktionierenden Naturhaushalt und ein stabiles Klima ebenso angewiesen wie auf die nachhaltige Nutzbarkeit und den sparsamen Gebrauch natürlicher Ressourcen. Unsere natürlichen Lebensgrundlagen sind bedroht.

Kein Politiker, welcher Partei er auch angehören mag, wird dies öffentlich bestreiten. Alle Verantwortlichen sind sich auch darüber einig, daß wirksamer Umweltschutz nicht lediglich eine zeitlich befristete staatliche Aufgabe ist. Ihm kommt auch langfristig elementare Bedeutung für das Gemeinwohl zu.

In einer Entschließung der CDU/CSU-Bundestagsfraktion vom 11. Dezember 1984 heißt es zum Beispiel: „Für die CDU/CSU-Bundestagsfraktion ist die Erhaltung der natürlichen Lebensgrundlagen unseres Volkes eines der bedeutendsten politischen Ziele, für die sie ihre ganze Energie einsetzt. Die CDU/CSU ist sich auch ihrer Verantwortung für die kommenden Generationen bewußt. Sie ist entschlossen, unsere Umwelt vor Zerstörung, unvertretbarer Belastung und schädlichen Eingriffen zu bewahren." (In derselben Entschließung lehnt die Unionsfraktion die Verankerung des Umweltschutzes im Grundgesetz ab?)

Wenn also ein so breiter Grundkonsens darüber besteht, daß die Sicherung der Umwelt eine zentrale politische Aufgabe dieser und der kommenden Generationen ist, sollte auch Übereinstimmung darüber bestehen, daß eine so wichtige Aufgabe ihren entsprechenden Niederschlag im Wertekatalog des Grundgesetzes findet. In der Verfassung selbst wird man vergebens nach Begriffen wie „Umwelt", „Umweltschutz", „natürliche Lebensgrundlagen" oder ähnlichem suchen. Dies ist auch nicht verwunderlich: Bei der Verabschiedung des Grundgesetzes im Jahr 1949 war man sich, dies kann man unbefangen und ohne Schuldzuweisung heute feststellen, der Gefahren und Risiken nicht bewußt, die sich im Rahmen einer intensiven industriellen Entwicklung für unsere natürlichen Lebensgrundlagen in den folgenden Jahrzehnten ergeben würden.

Nur mit erheblicher Mühe konnte die Rechtsprechung aus einigen normativen Grundwerten und Zuständigkeitsregeln des Grundgesetzes ein sogenanntes „ökologisches Existenzminimum" als Verfassungsauftrag herleiten. Der Schutz der menschlichen Würde und das Recht auf körperliche Unversehrtheit in den Artikeln 1 und 2 des Grundgesetzes standen hierbei ebenso Pate wie die sogenannte Sozialpflichtigkeit des Eigentums in Artikel 14 und des Sozialstaatsprinzip in Artikel 20 des Grundgesetzes. Hinzu kommen noch einige Kompetenzzuweisungen einzelner umweltrechtlicher Problembereiche in den Artikeln 74 und 75 des Grundgesetzes. Einigkeit dürfte darüber bestehen, daß das Grundgesetz zwar die Möglichkeit wirksamen Umweltschutzes als staatliche Aufgabe eröffnet, eine normative Richtlinie zur Erhaltung unserer Lebensgrundlagen mit verpflichtendem Charakter für alle staatlich Handelnden aus dem Grundgesetz praktisch nicht herzuleiten ist.

Die von den Bundesministern des Innern und der Justiz mit der Erstellung eines entsprechenden Gutachtens im Jahre 1981 beauftragte Professoren-Kommission hat deshalb im Dezember 1983 festgestellt, daß das Grundgesetz im Bereich eines wirksamen Umweltschutzes „nicht unerhebliche Schutzlücken" aufweise, die allein durch einen Rückgriff auf bestehende Normen des Grundgesetzes und auf das Sozialstaatsprinzip nicht zu schließen seien. Diese „Schutzlücken" bestünden namentlich hinsichtlich des Lebens- und Gesundheitsschutzes der Nachwelt, des Schutzes von öffentlichem Land, öffentlichen Gewässern, Ökosystemen, der Artenvielfalt und des Klimas, hinsichtlich globaler Faktoren der Ressourcenbewirtschaftung, der Erholung und ästhetischer Werte. Deshalb hat die Sachverständigen-Kommission bei der grundlegenden Bedeutung des Umweltschutzes für unsere und die kommenden Generationen vorgeschlagen, eine Staatszielbestimmung „Umweltschutz" in das Grundgesetz aufzunehmen. Dadurch soll verbindlich werden, daß der Schutz und die Pflege der natürlichen Lebensgrundlagen eine grundgesetzlich verpflichtende Aufgabe für alle staatlich Handelnden ist. Mit der vorgeschlagenen Staatszielbestimmung würde dem Gesetzgeber eine normative Richtlinie erteilt, zum Schutz der Umwelt tätig zu werden, und er würde hierdurch auch verpflichtet, bei der Ausgestaltung der Gesetze dem Umweltschutz angemessene Berücksichtigung zukommen zu lassen. Daneben sind diese Bestimmungen ein grundgesetzlicher Handlungsauftrag sowie eine Abwägungs- und Auslegungshilfe für die Verwaltungen auf staatlicher und kommunaler Ebene. Nicht zuletzt ist diese Staatszielbestimmung von erheblichem Gewicht bei der richterlichen Rechtsanwendung, eine normative Vorgabe und Richtschnur für die Auslegung und Fortbildung des Rechts.

Würde der Umweltschutz als *Grundrecht* in der Verfassung verankert, bestünde die Gefahr einer weitgehenden Verlagerung wirksamen Umweltschutzes auf die Gerichte. Würde lediglich ein *Gesetzgebungsauftrag* in der Verfassung verankert, so würde ein solcher Auftrag wegen seines sicherlich weitgehenden deklamatorischen Charakters wirkungslos verpuffen.

II. Staatsziel Umweltschutz

Die Aufnahme eines Staatszieles „Umweltschutz" in das Grundgesetz ist inzwischen Prüfstein dafür geworden, wie ernst Politiker jenseits ihrer öffentlichen Bekundungen und Bekenntnisse die Sicherung der Umwelt nehmen. Mittlerweile wurde erkannt, daß von einer solchen Staatszielbestimmung eine erhebliche Dynamik auf das gesamte staatliche Geschehen ausginge. Ein pointierter Gegner einer Staatszielbestimmung, der Erlanger Staatsrechtler Prof. Leisner, hat seine ablehnende Haltung im Rahmen einer Anhörung der CDU/CSU mit entlarvender, deshalb aber auch bemerkenswerter Offenheit begründet:

„Man mag noch so viel schöne Worte gebrauchen: Schutz, Förderung, Sicherung – in der Praxis bringt jede umweltschützende Aktivität Freiheitsbeschränkungen für viele Bürger mit sich, und die Steuerschraube muß meist angezogen werden. Der Staat wird in immer neue Aktivitäten hineingezogen, diesmal würde er nun durch die Verfassung mit Höchstrang dazu unabsehbar verpflichtet werden. Eine derartige Verfassungsänderung widerspräche daher den Grundwerten einer bürgersichernden rechtsstaatlichen Verfassung, darüber hinaus aber auch allen Grundprinzipien der gegenwärtigen Bundesregierung, welche ja nicht mehr sondern weniger Staat wünscht (...). Eine Staatszielbestimmung Umweltschutz würde ferner eine einseitige und damit im Ergebnis den Grundprinzipien des geltenden Verfassungsrechts widersprechende Festlegung bringen. Höchster Wert ist nicht die Umwelt, sondern der Mensch, und zwar der heute lebende Mensch. Zu dessen vitalen Interessen aber gehört nicht nur die Umwelt, sondern auch die Möglichkeit, sich dann in dieser Umwelt ökonomisch sinnvoll zu verhalten. Solange also die ökonomischen Grundlagen der Bürgerfreiheit und die Rechte, sich die Natur untertan zu machen, wie es schon einmal gesagt worden ist, nicht ebenso durch eine Staatszielbestimmung ausdrücklich abgesichert sind, ist eine solche Staatszielbestimmung Umweltschutz einseitig. Schwer vereinbar sogar mit der höchsten Norm der Verfassung (Art. 1 GG) wäre es, wenn auf so hohem normativem Rang unabänderlich immerhin eine einseitige Festlegung erfolgte, wodurch der Schutz der Menschen einseitig geprägt würde."

Dies war Klartext, der belegt, daß eine Staatszielbestimmung im Grundgesetz von hoher Wirkung wäre und weit davon entfernt, zur rhetorischen Makulatur zu geraten. Klartext aber auch deshalb, weil hier offen und völlig ungeschützt artikuliert wurde, wo und auf welchem Humus die oft so geschickt verpackten Widerstände gegen einen wirksamen Umweltschutz gedeihen.

Dieser Beitrag belegt aber auch, wie unverzichtbar die Aufnahme eines Staatszieles Umweltschutz in das Grundgesetz ist, soll diese Aufgabe nicht in hohler politischer Rhetorik verkommen. Was dem Staatsziel des gesamtwirtschaftlichen Gleichgewichts mit seinen im Stabilitäts- und Wachstumsgesetz definierten Grundkomponenten, Preisstabilität, hoher Beschäftigungsstand, außenwirtschaftliches Gleichgewicht und angemessenes Wirtschaftswachstum in Artikel 109, Absatz 2 GG recht ist, muß dem Umweltschutz billig sein. Die Staatsaufgabe Umweltschutz wird dann der tagespolitischen Opportunität anheim gegeben, wenn sie nicht gleichwertig neben anderen Staatszielen als zwingendes Abwägungs- und Verpflichtungskriterium im Grundgesetz verankert wird. Die Tagespolitik ist viel zu launenhaft, als daß sie die Gestaltungskontinuität hervorbringen würde, die der Langzeitaufgabe der Sicherung unserer Existenzgrundlagen zukommen muß. Umweltschutz hat nur dann die Chance, sich neben den ökonomischen Zwängen und innerhalb des politischen Kräftefeldes durchzusetzen und zu entfalten, wenn er Teil des verfassungsrechtlich zu wahrenden Wertgefüges des Grundgesetzes wird. Man kann Hartkopf und Bohne nur zustimmen, wenn sie in ihrem Standardwerk zur Umweltpolitik ausführen: „Es würde daher den Umweltschutz ganz erheblich in der politischen Auseinandersetzung stärken, wenn das Grundgesetz den Umweltschutz ausdrücklich als eine staatliche Aufgabe bezeichnen würde.“ (Hartkopf/Bohne: Umweltpolitik, Bd. 1, Opladen 1983, S. 76).

III. Über die Tagespolitik hinaus

Im Gegensatz zur Weimarer Verfassung haben sich die Väter des Grundgesetzes bezüglich der normativen Vorgaben für das staatliche Handeln ein hohes Maß an Selbstbeschränkung auferlegt. Man wollte verhindern, daß die Verfassung dadurch ausgehöhlt wird, daß sie Hoffnungen erweckt, die in der Tagespolitik auch nicht annähernd erfüllt werden können. Nur solche Grundprinzipien sollten mit Verfassungsrang ausgestattet werden, über deren Realisierung eine breite Grundübereinstimmung besteht.

Inzwischen steht wohl außer Zweifel, daß der für eine verfassungsrechtliche Verankerung des Umweltschutzes notwendige Grundkonsens in hohem Maße vorhanden ist. Alle politischen Auseinandersetzungen des letzten Jahrzehnts und alle mittel- und langfristigen Untersuchungen belegen, daß seitens der Bevölkerung der Bewältigung dieser Aufgabe eine außerordentliche Bedeutung eingeräumt wird. Nachdem in den zurückliegenden Jahren eine weitgehende Übereinstimmung herbeigeführt worden ist, daß die Sicherung der natürlichen Lebensgrundlagen eine entscheidende und kontinuierliche Aufgabe staatlichen Handelns und nur noch hinsichtlich ihrer Ausgestaltung Gegenstand des politischen Willensbildungsprozesses ist, muß dieses Ziel auch grundgesetzlich festgeschrieben werden.

Nur dann ist gewährleistet, daß der Umweltschutz im Kräftefeld der sonstigen verfassungsrechtlichen Zielvorgaben seinen existenzsichernden Stellenwert erhält. Nur dann sind die staatlichen Organe, seien sie auf dem Felde der Gesetzgebung, der Verwaltung oder der Justiz tätig, verfassungsrechtlich verpflichtet, ökologische Notwendigkeiten nicht wirtschaftlichen Interessen unterzuordnen.

Im Zusammenwirken zwischen Sozialstaatsprinzip und Staatsziel Umweltschutz bedeutet dies aber auch, daß umweltrechtlich relevante Entscheidungen dem Gebot der sozialen Gerechtigkeit Rechnung zu tragen haben. Nur dann, wenn der Umweltschutz mit dem Verfassungsrang eines Staatszieles im Grundgesetz ausgestattet wird, ist eine gewisse Gewähr dafür geboten, daß die vielfältigen sich daraus ergebenden Verpflichtungen im tagespolitischen Widerstreit, an dem mächtige Interessengruppen beteiligt sind, nicht unter die Räder kommen. Nur dann, wenn der Umweltschutz im Verfassungsgefüge seinen ihm angemessenen Platz einnimmt, wird das Grundgesetz seine heilsame Aufgabe, existenzielle gesellschaftspolitische Anliegen in den staatlichen Handlungsprozeß zu integrieren, fortsetzen können. Ein beim Umweltschutz weitgehend schweigendes Grundgesetz können auch diejenigen nicht wollen, denen an einer täglich gelebten und erlebbaren Verfassung als Garant unserer staatlichen Ordnung gelegen ist.

Zweiter Teil: Praktische Schritte

Werner Meißner

Umweltpolitik und Beschäftigung

Über den Zusammenhang zwischen Umweltschutz und Wirtschaftsentwicklung ist in den vergangenen Jahren wohl fast jede mögliche Behauptung aufgestellt worden. Es gibt zwei Extrempositionen. Auf der einen Seite lautet das Argument, eine straffe Umweltpolitik wirke inflationär, behindere das Wirtschaftswachstum, beschneide produktive Investitionen, führe zu Betriebsstillegungen und vernichte Arbeitsplätze. Auf der anderen Seite wird behauptet, daß die Umweltpolitik den technischen Fortschritt und das Wirtschaftswachstum fördert und Arbeitsplätze schafft. In einer Zeit mit hoher Arbeitslosigkeit und beträchtlichen Inflationsraten finden beide Positionen große Aufmerksamkeit. Überdies ist es keine rein akademische Auseinandersetzung, sondern eine Frage von bedeutender politischer Relevanz.

Es gibt in der Wirtschaftspolitik Zielsetzungen, die miteinander in Konflikt stehen. Und es leuchtet ein, daß in diesen Fällen demjenigen Ziel höhere Priorität zugewiesen wird, das am stärksten gefährdet ist. Daraus bezieht das Beschäftigungsziel sein hohes Gewicht, deswegen ist es zu einem wichtigen Kriterium für die Beurteilung politischer Entscheidungen geworden. Die Umweltpolitik macht da keine Ausnahme.

Aber selbst wenn das Umweltziel und das Beschäftigungsziel miteinander in Konflikt stünden, sollte man die Zieldiskussion nicht vorschnell verkürzen. Sicherlich gehört die Beseitigung der Arbeitslosigkeit heute zu den wichtigsten Zielen. Das kann aber nicht bedeuten, daß andere Ziele fallengelassen werden. Das geht insbesondere dann nicht, wenn die Verletzung solcher Ziele irreversible Schäden mit sich bringt. Das aber ist häufig die Situation in der Umweltpolitik.

Deswegen müßten umweltpolitische Ziele selbst dann aufrechterhalten werden, wenn dadurch Arbeitsplätze gefährdet würden. Jedenfalls kann man nicht selbstverständlich davon ausgehen, daß dem Beschäftigungsziel der Vorrang gebührt. Glücklicherweise stellt sich die Alternative aber nicht so.

Genauso kurzschlüssig wäre aber auch das umgekehrte Vorgehen. Wenn sich Umwelt- und Beschäftigungsziel ergänzen würden, so wäre es ein zweifelhaftes Verfahren, umweltpolitische Maßnahmen mit ihrem positiven Beschäftigungseffekt zu begründen. Umweltpolitik muß nicht ökonomisch begründet werden. Sie hat eigenständige Ziele.

Umweltpolitik kostet Geld. Sie muß sich auseinandersetzen mit der Begrenztheit der ökonomischen Mittel. Darüber hinaus greift sie in viele fundierte Interessen ein, so daß zu erwarten ist, daß ihr auch das Beschäftigungsargument entgegengesetzt wird. Der Zustand der Wirtschaft, eine schwache Konjunktur- und Beschäftigungslage, kann so zum Hemmschuh für die Umweltpolitik werden. Hemmend wirken aber auch falsche Vorstellungen über die Wachstums- und Beschäftigungseffekte einer solchen Politik. Andererseits sei wiederholt: Umweltpolitik muß und sollte nicht ökonomisch begründet werden.

Keine der beiden einseitig akzentuierten Positionen – Umweltpolitik als Vernichter oder als Beschaffer von Arbeitsplätzen – ist tragfähig. Weder kann die Umweltpolitik mit dem Beschäftigungsargument blockiert werden, noch kann sie vorgeben, Beschäftigungspolitik zu sein. Worauf es ankommt: die Komplementarität beider Zielsetzungen aufzuspüren und zu nutzen.

I. Zusammenhang Umweltpolitik und Beschäftigung

Heute liegen Ergebnisse empirischer Forschung über den Zusammenhang zwischen Umweltpolitik und Beschäftigung vor. Seit Mitte der 70er Jahre wurden in zahlreichen Ländern Untersuchungen über die Auswirkung der Umweltpolitik auf den Arbeitsmarkt durchgeführt. Dabei geben die empirischen Ergebnisse entweder Auskunft über (a) Beschäftigungswirkungen, wie sie unvermeidlich mit Vollzug der Umweltpolitik entstehen, oder über (b) Arbeitsplätze, die durch Umweltschutzmaßnahmen gezielt geschaffen werden.

(a) Beschäftigungswirkungen der Umweltpolitik

Die ökonomischen Auswirkungen der Umweltpolitik sind in zahlreichen Studien[1] untersucht worden. Dabei spielten die Beschäftigungseffekte eine zentrale Rolle. Alle *Makromodelle* erbringen dabei eine klare Aussage: In jedem Fall ist der Gesamteffekt der Umweltpolitik auf die Beschäftigung gering. Die vorherrschende Arbeitslosigkeit wird letztlich nur wenig verändert. Das gilt gleichermaßen für Makromodelle, die beinahe Vollbeschäftigung unterstellen, und solche, die von einer Unterauslastung der Produktionsfaktoren ausgehen. Im großen und ganzen kann von folgendem Entwicklungsmuster der Beschäftigungswirkungen ausgegangen werden: In der kurzen Frist wirken die erhöhten Ausgaben für Umweltschutz durchweg stimulierend auf Produktion und Beschäftigung und werden dann allmählich durch Preis- und Einkommenseffekte kompensiert. Es überwiegt in den Studien die Tendenz zu einem positiven Gesamteffekt.

Sektorale Studien, die die positiven direkten und indirekten Beschäftigungswirkungen abschätzen, zeigen, daß kurzfristig größere positive Effekte erzielt werden können. Für die USA ergaben verschiedene Schätzungen, daß pro 1 Mrd. $ Umweltschutzausgaben etwa 40–70 000 Arbeitsplätze geschaffen wurden.[2] In der Bundesrepublik Deutschland haben mehrere Studien[3] erhebliche positive Beschäftigungswirkungen – zu denen ebenfalls die Erhaltung bestehender Arbeitsplätze gerechnet wurde – nachgewiesen. Nur in wenigen Fällen saldieren sektorale Studien die positiven und negativen Effekte. Die deutschen Studien von 1978 und 1979 tun dies und leiten einen saldierten Gesamteffekt ab, der sich auf etwa 250 000 Arbeitsplätze pro Jahr beläuft.

Mikroökonomische Untersuchungen waren zunächst in der Hauptsache auf die Erfassung negativer direkter Beschäftigungseffekte ausgerichtet. Umweltschutzanforderungen erhöhen die Ausgaben von Unternehmen, die Kosten steigen, die Unternehmen werden weniger rentabel und müssen vielleicht sogar schließen. Die einzigen verläßlichen Daten über umweltpolitisch bedingte Betriebsschließungen stammen vom Dislocation Early Warning System in den USA. Im Rückblick über mehr als ein Jahrzehnt (1971–1983) sind nur sehr wenige Betriebsschließungen auf Umweltschutzanforderungen zurückzuführen (155 Fälle mit einem Verlust von insgesamt 32 899 Arbeitsplätzen). Viele Schließungen können aber nur zum Teil der Umweltpolitik angelastet werden; einige Unternehmen haben nur vorübergehend zwecks Standortverlagerung geschlossen.[4] Nicht quantifizierbar und deshalb in dieser Zahl nicht enthalten sind Arbeitsplatzverluste aufgrund verringerten Unternehmenswachstums oder unterbliebener Firmengründungen. Die tatsächlich nachweisbaren Arbeitsplatzverluste stehen allerdings in einem krassen Mißverhältnis zu dem Gewicht, das dieses Argument in der umweltpolitischen Diskussion hat.

(b) Umweltpolitik und Schaffung von Arbeitsplätzen

Die ökonomischen Auswirkungen von *Arbeitsbeschaffungsmaßnahmen* sind in der Literatur vielfach behandelt worden. Die meisten Studien beziehen sich nicht ausdrücklich auf den Einsatz von Umweltschutzmaßnahmen in Programmen zur Arbeitsbeschaffung.[5] Inzwischen gibt es aber auch speziellere Untersuchungen über die Möglichkeit, umweltverbessernde Maßnahmen gezielt als Mittel der Arbeitsmarktpolitik einzusetzen.[6] Umweltpolitische Maßnahmen werden dann zum größten Teil durch den Staat finanziert, und es besteht ein Interesse an möglichst schnell eintretenden Beschäftigungswirkungen. Mittlerweile wird die Umweltpolitik zu arbeitsmarktpolitischen Zwecken in einer Reihe von Ländern, so vor allem in den skandinavischen, genutzt.[7]

Arbeitsbeschaffungsmaßnahmen werden durch Projekte verwirklicht. Es wundert nicht, daß Maßnahmen zur Verbesserung der Umwelt wegen ihrer breiten gesellschaftlichen Akzeptanz häufig in solchen Projekten enthalten sind. Es gibt jedoch kein Beispiel, in dem die Schaffung von Arbeitsplätzen über ein Programm versucht worden ist, das ausschließlich Umweltprojekte umfaßt hat. In der Regel liegt der „Umweltgehalt" solcher Programme weit unter hundert Prozent. Ein Beispiel geben die ABM-Programme.

Das Arbeitsförderungsgesetz (AFG) vom 25. Juni 1969 gab die Grundlage für die „Allgemeinen Maßnahmen zur Arbeitsbeschaffung" (ABM). Die damit verbundenen Aufgaben werden durch die Bundesanstalt für Arbeit wahrgenommen. Diese Maßnahmen verfolgen drei Zielsetzungen:

– Sie sollen zusätzliche Beschäftigungmöglichkeiten schaffen (konjunktur- und beschäftigungspolitisches Ziel).

– Beschäftigungsmöglichkeiten sollen bevorzugt für Zielgruppen der Arbeitsmarktpolitik geschaffen werden, deren Vermittlung zu den jeweils gegebenen Arbeitsmarktbedingungen erschwert ist. Insbesondere sollen Projekte gefördert werden, die zu Dauerarbeitsplätzen führen (arbeitsmarkt- und sozialpolitisches Ziel).

– Das Ergebnis der geförderten Projekte soll das Angebot öffentlicher Leistungen steigern und die Wachstumsbedingungen der Volkswirtschaft positiv beeinflussen (wohlfahrts- und angebotsorientiertes Ziel).

Für ABM wurden im Zeitraum 1974–1979 insgesamt 5,6 Mrd. DM aufgewendet. Es ist nicht leicht, den umweltpolitischen Gehalt dieser Maßnahmen zu bestimmen. Der Umweltbereich liegt quer zu der Programmeinteilung des ABM-Katalogs. Je nach Abgrenzung des Bereichs Umweltschutz sind im Zeitraum 1974–1979 etwa 7 bis 15 v. H. der Ausgabensumme für umweltrelevante Projekte eingesetzt worden.

Die Bedeutung von Arbeitsbeschaffungsprogrammen liegt nicht auf der Ebene der Konjunkturpolitik, sondern – schon aufgrund ihrer Größenordnung – im Bereich der gezielten Arbeitsmarktpolitik. Sie können Problemgruppen am Arbeitsmarkt Beschäftigung bieten und strukturelle Disparitäten von Arbeitsangebot und Arbeitsnachfrage in qualitativer und regionaler Hinsicht ausgleichen. Aus der breiten Palette der Umweltprojekte lassen sich Programme zusammenstellen, die bestimmte Gruppen sicher erreichen und in bestimmte Regionen hineinwirken können.

Auf der Basis der vorliegenden empirischen Untersuchungen, die allgemein die ökonomischen Effekte von Arbeitsbeschaffungsprogrammen und speziell die Wirkungen von umweltverbessernden Maßnahmen in solchen Programmen analysieren, lassen sich folgende Schlüsse ziehen:

a) Obwohl der Anlaß für Arbeitsbeschaffungsprogramme häufig in einer konjunkturell bedingten Arbeitslosigkeit liegt, lassen sich solche Maßnahmen viel besser zur Bekämpfung von strukturellen Problemen der Arbeitslosigkeit einsetzen.

b) Schätzungen des Beschäftigungseffekts von Arbeitsbeschaffungsmaßnahmen hängen sehr stark von der Untersuchungsmethode ab. Besondere Aufmerksamkeit muß dabei dem Unterschied zwischen der Anzahl der durch diese Maßnahmen subventionierten oder ganz bezahlten Arbeitsplätze und der Anzahl der durch diese Maßnahmen geschaffenen Arbeitsplätze gewidmet werden.

c) Die Hauptvorteile von Arbeitsbeschaffungsmaßnahmen gegenüber anderen fiskalischen Maßnahmen zur Bekämpfung der Arbeitslosigkeit liegen in folgenden Punkten:

– Eine höhere Beschäftigungswirkung pro Ausgabeneinheit, als sie bei einer anderen Verwendung oder bei einem entsprechenden Einnahmenverzicht durch Steuersenkung eintreten würde.

– Die Unterstützungszahlungen können besser auf jene Problemgruppen gezielt ausgerichtet werden, denen erklärtermaßen – auch aus Verteilungsgründen – vorrangig geholfen werden soll.

– Der Inflationseffekt ist tendenziell geringer.

d) Arbeitsbeschaffungsmaßnahmen, besonders wenn sie im öffentlichen Sektor eingesetzt werden, stoßen häufig auf Kritik, weil die Ergebnisse solcher Maßnahmen einen vergleichsweise geringen Marktwert haben. Dabei wird gerne übersehen, daß ein Großteil des Nutzens von Arbeitsbeschaffungsmaßnahmen häufig gar nicht marktgängig ist. Gerade dann ist es wichtig, die nicht marktfähigen Erträge möglichst umfassend zu bewerten und in die Evaluation solcher Maßnahmen einzubeziehen. Derartige Kosten-Nutzen-Analysen sollten in der Umweltpolitik häufiger gemacht werden.

II. Umweltpolitik hat sinnvolle Beschäftigungsmöglichkeiten geschaffen

Zu den eigentlichen Arbeitsbeschaffungsmaßnahmen treten *investitionsorientierte Maßnahmen* im öffentlichen Bereich. Die Wirtschaftspolitik sieht sich heute vor die Aufgabe gestellt, die Verbesserung der Beschäftigungs- und Konjunkturlage in eine mittelfristige Perspektive der Wachstumsentwicklung einzuordnen. Der Staat ist aufgerufen, die öffentlichen Investitionen wieder auszuweiten und damit indirekt auch die privaten Produktionsbedingungen und die unternehmerische Investitionsneigung zu verbessern. Das Programm für Zukunftsinvestitionen (ZIP) von 1977 war stärker als vorangegangene Programme auf die wachstumspolitischen Zielsetzungen ausgerichtet und stellte die öffentlichen Investitionen in den Mittelpunkt. Die beschäftigungs- und wachstumspolitischen Erfolge waren dabei erheblich.[8]

Der „Umweltgehalt" des ZIP, d.h. der Anteil der Umweltinvestitionen am Programmvolumen, lag über 60 v.H. Schätzungen über den künftigen öffentlichen Investitionsbedarf im Umweltbereich zeigen, daß hier für die nächsten Jahre noch reichliche Einsatzmöglichkeiten bestehen.[9]

Der Zusammenhang zwischen Umweltpolitik und Arbeitsmarkt stellt sich heute – nach zahlreichen theoretischen und empirischen Untersuchungen – so dar:

- Umweltpolitik ist kein Jobkiller.
- Umweltpolitik hat im Gegenteil zu neuen und sinnvollen Be-

schäftigungsmöglichkeiten geführt. Ihr Gesamteffekt auf den Arbeitsmarkt ist positiv.

– In der Arbeitsmarktpolitik spielen Umweltmaßnahmen in ABM-Programmen schon seit langem eine Rolle. Ihre Bedeutung wird zunehmen.

– In Konjunktur- und Wachstumsprogrammen gibt es reichliche Einsatzmöglichkeiten für Umweltschutzmaßnahmen. Umweltpolitischer Handlungsbedarf und die Möglichkeit zur Sicherung und Schaffung von Arbeitsplätzen können sich ergänzen.

Umweltpolitik zielt auf eine Reallokation der Ressourcen. Übersetzt aus dem Ökonomen-Deutsch heißt das:[10] Es geht um eine strukturpolitische Aufgabe, bei der qualitatives Wachstum – d.h. weniger Umweltbelastung durch Produktion und Konsum – und Beschäftigungsziele gleichermaßen verfolgt werden.

Anmerkungen

1 Eine gute Übersicht geben folgende OECD-Dokumente: The Impact of Environmental Measures on Growth, Productivity, Inflation and Trade, Issue Paper, OECD Conference Environment and Economics, Paris 1984; The Impact of Environmental Measures on the Rate of Economic Growth, the Rate of Inflation, Productivity and International Trade, Background Paper; Environment and Productivity, Background Paper, OECD Conference Environment and Economics, Paris 1984.

2 Diese Spanne ergibt sich aus Untersuchungen von: Leung, K.C./Klein, J.A., The Environment Control Industry. An Analysis of Conditions and Prospects for Pollution Control Equipment, 1975; Schätzungen der Environmental Protection Agency für das Federal Pollution Control Programme in 1980. Etwa 70000 Arbeitsplätze für eine entsprechende Ausgabensumme errechneten sich auch für Schweden: OECD, Employment Effects of Environmental Policies, Paris 1976.

3 Meißner, W./Hödl, E., Positive ökonomische Aspekte des Umweltschutzes, Umweltbundesamt Berichte 3/77; Sprenger, R.U., Beschäftigungseffekte der Umweltpolitik, Berlin und München 1979; Meißner, W./Hödl, E., Auswirkungen der Umweltpolitik auf den Arbeitsmarkt, Bonn 1978; Sprenger, R.U./Knödgen, G., Struktur und Entwicklung der Umweltschutzindustrie in der Bundesrepublik Deutschland, Umweltbundesamt Berichte 9/83, Berlin 1983.

4 Zur Entstehung dieses Systems und den veröffentlichten Daten siehe:

The Origin and Operations of the Economic Dislocation Early Warning System, US Environmental Protection Agency, Economic Analysis Division, March 15, 1977, sowie die laufenden Vierteljahresberichte.

5 Aus der umfangreichen Literatur als repräsentative Beispiele: Palmer, J.L. (ed.), Creating Jobs: Public Employment Programs and Wage Subsidies, Brookings Institution, Washington D.C. 1978; Haveman, R.H. and Palmer, J.L. (eds.), Jobs for Disadvantaged Workers: The Economics of Employment Subsidies, Brookings Institution, Washington D.C. 1982; OECD, Direct Job Creation in the Public Sector, Paris 1980; OECD, Marginal Employment Subsidies, Paris 1982.

6 Dazu die von mir vorbereiteten Konferenzpapiere: Environmental Policies: A Source of Jobs?, Background Paper, OECD Conference Environment and Economics, Paris 1984; The Impact of Environmental Policy on Employment, Background Paper, OECD Conference Environment and Economics, Paris 1984.

7 Vgl. folgende Länderberichte: Statens Naturvårdsverk. The National Swedish Environment Protection Board, Environmental Programmes and Job Creation, November 1982; Ministry of Environment, Norway, Environment Measures and Job Creation, März 1983; The National Boards of Waters, Finland, Environmental Measures and Job Creation, Januar 1983. Siehe ferner zu älteren Erfahrungen und anderen Ländern (Kanada, USA): OECD, Direct Job Creation in the Public Sector, a.a.O.

8 Danckwarts, R.-F. (u.a.), Analyse der strukturellen Entwicklung der deutschen Wirtschaft, Hamburg 1981, S. 30ff. und S. 115ff.

9 Meißner, W./Hödl, E., Umweltschutz in Konjunktur- und Wachstumsprogrammen, Umweltbundesamt Berichte 1/83, Berlin 1983.

10 Ausführlich dazu: Meißner, W./Zinn, K.G., Der neue Wohlstand, Qualitatives Wachstum und Vollbeschäftigung, München 1984.

Hartmut Tofaute

Finanzierung von Umweltinvestitionen

Dieser Beitrag soll der Frage nachgehen, auf welche Weise investive und personelle Maßnahmen zum Schutz der Umwelt bzw. der Wiederherstellung besserer Umweltbedingungen zweckmäßigerweise finanziert werden sollen bzw. könnten. Angesichts der in den vorausgegangenen Einzelbeiträgen dieses Sammelbandes in ausführlicher Form dargelegten Notwendigkeit derartiger Investitionen kann hier auf die gesonderten Nachweise dieses Bedarfs verzichtet werden.

I. Wirksame Umweltpolitik ist eilbedürftig

Für die hier zu untersuchende Fragestellung reicht die Erkenntnis, daß für Umweltschutzinvestitionen ein allgemein nachweisbarer Bedarf besteht, allerdings nicht ganz aus. Im Unterschied zu anderen gesellschaftlichen Aufgabenbereichen mit ebenfalls vorhandenem und belegbarem Nachhol- und Verbesserungsbedarf wie z. B. den Bildungs- oder Gesundheitssektoren spielt im Umweltbereich die Zeitkomponente eine vordringliche Rolle. Es ist „höchste Eisenbahn", wirksame Maßnahmen gegen das Waldsterben, gegen die Verunreinigung von Boden, Luft und Gewässern sowie für die Sicherung und Verbesserungen der gesundheitlichen Rahmenbedingungen im Betrieb und im Wohnbereich in Gang zu setzten. Werden diese Maßnahmen jetzt nicht ergriffen, werden nicht nur Landschaften, Flora und Fauna zerstört. Es dauert im besten Fall auch sehr sehr lange, diese Schäden wieder zu beseitigen (wenn solche Reparaturmöglichkeiten dann überhaupt noch bestehen). Vor allem aber werden, wenn der Umweltzerstörung nicht Einhalt geboten werden kann, in immer schnellerer und stärkerer Weise auch die menschlichen Existenzbedingungen angegriffen.

Dieser Gesichtspunkt der Eilbedürftigkeit muß sich bei den Überlegungen zur Finanzierung von umwelterhaltenden und -verbessernden Investitionen niederschlagen. Allgemein sollte diese Erkenntnis darin zum Ausdruck kommen, daß bei der Suche nach geeigneten Finanzierungsformen von Umweltinvestitionen nicht ausschließlich nach den Maximen der Prinzipienreinheit vorgegangen wird, sondern daß auch pragmatische Überlegungen angestellt werden müssen.

II. Die institutionelle Ausgestaltung der Umweltschutzfinanzierung

Dies betrifft z. B. die Frage, in welchem institutionellen Rahmen die notwendigen umweltpolitischen Aktionen durchgeführt werden sollen. Die SPD plädiert z. B. für ein auf Bundesebene einzurichtendes Sondervermögen „Arbeit und Umwelt". Eine solche Forderung ist aus verschiedenen Gründen sinnvoll. Läßt man die Bewertung der Finanzierungsquellen, mit denen der Fonds gespeist werden soll, außen vor, so hat dieser Vorschlag den Vorteil, daß er ein in sich geschlossenes Modell ist. Es kann vermutlich auch als ein Konzept dargestellt werden, das den Wünschen in der Bevölkerung nach sichtbaren Anstrengungen für mehr Umweltschutz entgegenkommt. Seine – gegenwärtige – Schwäche besteht allerdings darin, daß ein solcher Fonds erst einmal errichtet werden müßte. Es ist, wie sicherlich nicht ausführlich begründet werden muß, von der heutigen Bundesregierung nicht zu erwarten, daß sie ausgerechnet das Modell der Opposition übernimmt. Deshalb sollte man darauf drängen, die Finanzierung umweltpolitischer Programme und Maßnahmen auch in den Normalhaushalten und/oder Nebenhaushalten (z. B. ERP-Sondervermögen) tiefer zu verankern und erheblich aufzustocken. Die damit vorzunehmenden Investitionen könnten von öffentlichen Einrichtungen, aber auch von Unternehmen und Privatpersonen getätigt werden.

In Anbetracht dieser Gegebenheiten hat der DGB z. B. im Herbst vergangenen Jahres die Bundesregierung aufgefordert, im Bundeshaushalt Sofortmaßnahmen gegen wachsende Umweltbedrohung und Massenarbeitslosigkeit vorzunehmen. Für 1985 wäre die Aufstockung der im Bundeshaushalt vorgesehenen Investitionen eine Maßnahme, die im Rahmen bereits laufender, zum Teil aber auslaufender Einzelprogramme verwaltungsmäßig schnell auf den Weg gebracht werden könnten.

Dieses Plädoyer für die Benutzung auch konventioneller Finanzierungsformen einer beschäftigungssichernden Umweltpolitik soll aber nicht bedeuten, daß die Fondslösung nicht weiter verfolgt werden soll. Im Gegenteil, weil die Umweltproblematik bis zu den nächsten Bundestagswahlen im Jahr 1987 wohl kaum als gelöst betrachtet werden dürfte, sollte sie nicht nur weiter beibehalten und vertreten werden. Man sollte sogar versuchen, z. B. auf der Ebene einzelner Bundesländer, bereits heute solche Konstruktionen zu schaffen. Diese könnten nicht nur eine Pilotfunktion übernehmen für ein Fondskonzept auf Bundesebene. Es würde auch die Glaubwürdigkeit der SPD-Argumentation erhöhen, wenn ein ähnliches wie das von ihr vorgeschlagene Modell bereits in Bundesländern vorpraktiziert werden würde, in denen die SPD regiert. Freilich könnte wegen der Gesetzgebungskompetenz des Bundes für die Steuerpolitik eine Fonds-Finanzierung, wie sie für das Sondervermögen „Arbeit und Umwelt“ in Gestalt von Energieverbrauchsteuern vorgesehen ist, für die Bundesländer kaum Platz greifen. Da es an speziellen ländereigenen Steuereinnahmen mangelt, die diese Funktion ersatzweise übernehmen könnten, müßten die alternativen Finanzierungsquellen zwangsläufig in einer stärkeren Berücksichtigung der Schuldenvorfinanzierung zu suchen sein. Diese Fonds müßten z. B. zu diesem Zweck Kredite auf dem Kapitalmarkt aufnehmen, die zinsverbilligt an die begünstigten Investoren weitergeleitet werden. Nur die Zinssubventionen müßten in den Länderhaushalten bereitgestellt werden.

Die Tatsache der Schuldenvorfinanzierung könnte die Konstruktion eines auf Länderebene operierenden Fonds vielleicht etwas erschweren, wäre aber dennoch kein ausschließender Grund, einen solchen Versuch nicht zu unternehmen. Eine dezentrale Fondslösung wie die hier skizzierte, wäre allerdings nur ein Instrument unter mehreren, um dem Gesichtspunkt der Umweltpolitik zu einer stärkeren Durchsetzung zu verhelfen. Eine auf den klassischen einnahmepolitischen Instrumenten beruhende Finanzierung von Umweltinvestitionen durch den Staat könnte derartige Lösungen zumindest in nächster Zeit nicht ersetzen.

III. Anwendung von Verursacherprinzip und Gemeinlastprinzip bei der Berücksichtigung umwelt- und beschäftigungspolitischer Zielsetzung

Ein weiteres Beispiel, mit dem auf die Notwendigkeit eines maßvollen Gebrauchs der Formulierung von hehren Grundsätzen bei der Umweltschutzdiskussion und speziell auch der Finanzierung von Umweltinvestitionen hingewiesen werden soll, besteht in dem vielfach beschworenen Zusammenhang von Umweltinvestitionen und neuen Arbeitsplätzen einerseits und deren Finanzierung durch Verursacherprinzip und Gemeinlastprinzip andererseits.

Unstrittig ist, daß durch eine forcierte Durchsetzung von Investitionen zur Beseitigung und Vermeidung von Umweltschäden neue Arbeitsplätze geschaffen werden können. Dieses gilt vor allem für diejenigen Wirtschaftszweige, die die benötigten Anlage- und Ausrüstungsinvestitionen herstellen. Aber auch dort, wo diese Einrichtungen später installiert sind, werden neue Beschäftigungsmöglichkeiten angeboten. Allein die Umsetzung der Großfeuerungsanlagenverordnung soll nach Schätzungen der Bundesregierung zu einem zusätzlichen Beschäftigungsvolumen von ca. 300000 Personen führen (entsprechend den Umrüstungszeiten auf mehrere Jahre verteilt). Ein Teil von etwa 14000 Stellen wird nach Abschluß der Umrüstung als Dauerarbeitsplätze bestehen bleiben. Allgemein wird das Ausmaß der zu schaffenden Arbeitsplätze begrenzt u.a. durch das für Umweltinvestitionen zur Verfügung stehende Kapital, durch die Beschäftigungseffekte dieser Investitionen und auch durch die Zeit, die technisch und kapazitätsmäßig erforderlich ist, diese neuen Investitionen zu produzieren. Die Beschäftigungseffekte des SPD-Vorschlags für ein Sondervermögen Arbeit und Umwelt z. B. werden von seinen Autoren auf insgesamt 400 000 geschätzt – nach einer gewissen Anlaufphase.

Diese 400 000 zusätzlichen Arbeitsplätze sollen je zur Hälfte bewirkt werden durch die sogenannte Grundfinanzierung über die Erhöhung von Energiesteuern sowie durch die strikte Anwendung des Verursacherprinzips über Gebote, Verbote und Abgaben.

In dieser Aufteilung kommt die oben angesprochene Konfliktproblematik zum Ausdruck. Würde man nämlich bei der Finanzierung von Umweltinvestitionen ausschließlich nach dem Verursacherprinzip vorgehen, würde man unter der Annahme, daß sich dieses Vorgehen auch realisieren ließe, wohl in den Umweltschutzindustrien neue Arbeitsplätze schaffen. Ob seine Anwendung allerdings gesamtwirtschaftlich nennenswert mehr Arbeitsplätze erzeugen kann, wäre im Rahmen dieser Wirtschaftsordnung und nach den in ihr geltenden ökonomischen Gesetzmäßigkeiten fraglich.

Denn die Anwendung des Verursacherprinzips führt bei volkswirtschaftlicher Betrachtung zunächst zu einer Nachfrageverschiebung. Ob Unternehmen die vom Gesetzgeber verlangten Umweltinvestitionen tatsächlich durchführen oder es eine Zeitlang vorziehen, entsprechende Abgaben zu zahlen, beides würde über den Preis auf die Abnehmer der Produkte dieser Unternehmen und auch über gewinnmindernde Aufwendungen auf den Staat fortzuwälzen versucht. Das verfügbare Einkommen der privaten Haushalte würde mithin ebenso gekürzt wie die Steuereinnahmen des Staates. Dann müßte damit gerechnet werden, daß Staat und Privathaushalte ihre Ausgaben an anderer Stelle kürzen würden. Dieser Nachfrageausfall würde sich in den davon betroffenen Wirtschaftszweigen negativ auf die Beschäftigungssituation auswirken.

Diese Zusammenhänge bedeuten erstens: Unter dem Gesichtspunkt der vorrangigen Verfolgung der Umweltschutzidee ist es zwar am besten, das Verursacherprinzip anzuwenden. Denn gesetzlich ausgeprochene Produktionsgebote oder -verbote, zum Teil auch Abgaben zwingen die beabsichtigten Umwelteffekte herbei. Unter dem Gesichtspunkt der Schaffung von zusätzlichen Arbeitsplätzen ist die alleinige Anwendung des Verursacherprinzips jedoch nicht empfehlenswert, weil die gewünschten Beschäftigungseffekte wegen der Änderungen in der Nachfragestruktur wahrscheinlich nur in geringem Maße auftreten werden. Will man also neben den Umweltschutzeffekten auch mehr Arbeitsplätze haben, muß neben das Verursacherprinzip auch das Gemeinlastprinzip als Mittel zur Finanzierung von Umweltinvestitionen treten.

Über längere Zeit betrachtet, könnte das beschäftigungspolitische Ergebnis der Anwendung des Verursacherprinzips als Finanzierungs- und Lenkungsinstrument von Umweltinvestitionen allerdings positiver ausfallen. Wenn nämlich die heimische Umweltindustrie aufgrund der erzwungenen modernen Technik im internationalen Vergleich einen Wettbewerbsvorsprung erringt, könnten in diesem Wirtschaftszweig längerfristig mehr Arbeitsplätze geschaffen werden. Denn die Umweltproblematik stellt sich in zunehmender Weise auch im Ausland, und dort insbesondere in den Ländern, die unseren Industrialisierungsgrad noch nicht erreicht haben. Wenn diese Länder dann die bei uns entwickelte moderne Umwelttechnologie nachfragen, kann sich die volkswirtschaftliche Bedeutung der bundesdeutschen Umweltindustrie, deren Anteil sich (bei steigender Tendenz) zur Zeit auf etwa 0,5 vH des gesamtwirtschaftlichen Umsatzes und Beschäftigungsvolumens beläuft, wesentlich ausweiten.

IV. Vorschläge für die inhaltliche Ausgestaltung des Gemeinlastprinzips

Was die Kriterien für die Anwendung von Verursacher- oder Gemeinlastprinzip anbelangt, so wird ein Konsens darüber, daß die sogenannten Altlasten (das sind Umweltschäden, die als Folge von Versäumnissen in der Vergangenheit entstanden sind und deren Verursacher entweder nicht mehr festgestellt werden können oder nicht mehr zahlungsfähig sind) von der Allgemeinheit aufzubringen sind, noch am ehesten zustande kommen. Es kann auch weitere Fälle geben (z. B. Umweltpilotprojekte, Übererfüllung gesetzlicher Normen usw.), wo das Gemeinlastprinzip noch zum Tragen kommen könnte. Grundsätzlich müßte aber der Verursacher die Investitionskosten zur Beseitigung und Drosselung von Umweltschäden tragen.

Was die aus öffentlichen Mitteln aufzubringende Finanzierung von Umweltinvestitionen betrifft, so wird, zumindest solange noch eine konjunkturelle Unterauslastung der Kapazitäten existiert, vor allem durch eine höhere Nettokreditaufnahme sichergestellt, daß durch Umweltinvestitionen zusätzliche Nachfrage entsteht und damit auch in gesamtwirtschaftlicher Betrachtung zusätzliche Arbeitsplätze geschaffen werden. Auch der DGB hatte in seiner bereits wiedergegebenen Forderung an die Bundesregierung, Sofortmaßnahmen gegen Umweltbedrohung und Arbeitslosigkeit zu ergreifen, als Finanzierungsinstrument eine höhere Nettokreditaufnahme verlangt. Da die Verschuldung des Bundes durch die rigide Sparpolitik der letzten drei Jahre sowie durch die hohen Abführungen der Bundesbank an den Bundeshaushalt deutlich gedrosselt werden konnten, besteht genügend Spielraum, um das Instrument der Kreditfinanzierung wieder verstärkt für Umwelt- und Beschäftigungsprogramminvestitionen zu nutzen. Der bei konventioneller Schuldenfinanzierung entstehende Zinsausgabenanstieg könnte vermieden werden, wenn man die Möglichkeiten einer zins- und tilgungsfreien Notenbankfinanzierung, auf die u. a. auch die herrschende Finanzwissenschaft hinweist, in Anspruch nehmen würde.

Ähnlich wirkungsvolle Effekte für Umweltschutz und Beschäftigung könnten sich erzielen lassen, wenn man die notwendigen Finanzmittel hierfür durch eine steuerlich stärkere Erfassung hoher Einkommen beschafft. Als nach wie vor geeignetes Instrument hierfür ist eine Ergänzungsabgabe auf die Einkommensteuerschuld anzusehen. Die Betroffenen werden wegen ihrer relativ hohen Einkommen weniger ihren Konsum als vielmehr ihre Ersparnis einschränken, so daß gesamtwirtschaftlich keine gravierenden Nachfrageentzugseffekte zu erwarten sind. Ähnlich verhält es sich mit dem Abbau solcher Steuervergünstigungen, die vorwiegend von Steuerpflichtigen dieser Einkommenskategorie in Anspruch genommen werden. Beispielhaft erwähnt werden sollen hier nur der Selbständigenfreibetrag oder die Steuerumgehungsmöglichkeiten beim Bauherrenmodell oder bei Abschreibungsgesellschaften. Auch die Bekämpfung der Steuerkriminalität und der Abbau der Steuerrückstände sind geeignete und auch berechtigte Maßnahmen, um Finanzmittel für Umwelt und Beschäftigung zu erhalten. Allein die wahrheitsgemäße Angabe von Erträgen aus Anlagekapital oder die Einführung eines sogenannten Quellenabzugs analog zur Lohnsteuer würden wahrscheinlich das Einkommensteueraufkommen so erhöhen, daß allein hieraus ein jährliches Investitionsprogramm von etwa 10 bis 15 Mrd. DM zu finanzieren wäre.

Bei der Suche nach geeigneten Finanzierungsmitteln müßte ferner bedacht werden, daß die Steuerlast der Unternehmen in den vergangenen Jahren durch eine Vielzahl von Entlastungsbeschlüssen vermindert worden ist, ohne daß sich diese Verbesserung der sogenannten Rahmenbedingungen in einer Verbesserung der Umweltsituation geschweige denn in einem Rückgang der Arbeitslosigkeit dokumentiert hätte. Einen besonders dicken Brocken stellt in dieser Beziehung die Vermögensteuersenkung für Unternehmen nach dem Steuerentlastungsgesetz von 1984 dar. Die Rückgängigmachung dieser Maßnahme würde vor allem den Bundesländern und den Gemeinden Einnahmen zur Verfügung stellen, die in dem hier diskutierten Sinne wieder angelegt werden könnten. Noch mehr könnte den Gemeinden allerdings geholfen werden, wenn zumindest ein Teil der zahlreichen Steuersenkungen im Bereich der Gewerbesteuer, die die kommunale Investitionstätigkeit entscheidend abgebaut haben, wieder zurückgenommen würde.

Die bisher aufgezählten Finanzierungsmöglichkeiten stellen nur einen Teil der noch abrufbaren Finanzquellen aus dem Bereich der direkten Steuern dar. Unter dem Gesichtspunkt der Ausgestaltung unseres Steuerrechts nach sozialen und verfassungsrechtlichen Gesichtspunkten ließen sich noch weitere Möglichkeiten auftun. Der Präsident des Bundesverfassungsgerichts, Wolfgang Zeidler, hat im Dezember 1984 in einem aufsehenerregenden Interview mit dem „SPIEGEL“ seinen Finger auf erhebliche Schwachstellen des deutschen Steuersystems, vor allem im Bereich der steuerlichen Behandlung der Familienlasten und des Vermögenzuwachses (Vermögensteuer, Bodenwertzuwachssteuer, Erbschaftsteuer) gelegt. Diese Reformnotwendigkeiten sollte man jedoch nicht vorrangig mit den Gesichtspunkten der Umweltschutzfinanzierung und der Beschäftigung verknüpfen.

V. Durch sinnvolle Einsparungen bei Ausgaben Mittel für Umwelt- und Beschäftigungspolitik gewinnen

Nicht nur auf der Einnahmenseite des öffentlichen Haushalts sind ausreichende Quellen zur Finanzierung von Umwelt- und Beschäftigungsinvestitionen zu erschließen, sondern auch auf der Ausgabenseite. Weitere Finanzierungspotentiale sind beispielsweise im großen Bereich der vom Staat an Private gewährten Subventionen zu finden. Die Bundesregierung selbst hatte sich bei Antritt ihrer Regierungsgeschäfte die Drosselung der Subventionsausgaben aufs Panier geschrieben. Daran hat sie sich bisher zwar nicht gehalten, sondern sie hat vielmehr – siehe die Stoltenbergische Blitzentscheidung zur Vorsteuerpauschale der Landwirte – noch kräftig draufgesattelt. Trotzdem gilt, daß durch eine systematische Erfolgskontrolle der Subventionen, eine zeitliche Bindung und degressive Gestaltung der Staatszuschüsse, durch einen offenen Ausweis als Finanzhilfen anstelle von Steuervergünstigungen, Rückzahlungsverpflichtungen, Auflagen usw. eine höhere Effizienz und damit auch Einsparungen bei diesen Ausgabeposten erreicht werden könnten.

Auch im Bereich der Rüstungsausgaben sind unabhängig von der zu verfolgenden Militärstrategie, wie Berichte des Bundesrechnungshofes immer wieder zeigen, Einsparungen möglich. Darüber hinaus ist aus gewerkschaftlicher Sicht nicht einzusehen, daß der Verteidigungshaushalt 1985 und in den Jahren danach im Vergleich zur Gesamtetatentwicklung überproportionale Zuwächse erfährt. Durch einen geringeren als vorgesehenen Anstieg des Militäretats lassen sich für Umweltinvestitionen dringend benötigte Mittel gewinnen, ohne daß dadurch die Sicherheit der Bundesrepublik gefährdet würde. Einheimische Umweltinvestitionen haben höhere Beschäftigungseffekte als der Import ausländischer Rüstungsgüter. Sofern allerdings heimische Industrien von diesen Kürzungen betroffen werden sollten, wäre durchaus denkbar, daß diese einen Teil der neu zu schaffenden Umweltinvestitionen vornehmen.

Insgesamt betrachtet würde das Aufkommen aus den hier genannten Quellen zur Verbesserung der Finanzsituation der öffentlichen Haushalte ausreichen, zusätzliche und beschäftigungswirksame Umweltinvestitionen, aber auch Investitionen in anderen Aufgabenbereichen mit hohem gesellschaftlichem Bedarf zu finanzieren.

VI. Selbstfinanzierungseffekte bei Umweltinvestitionen

Unabhängig von den bisher genannten und sonstigen Möglichkeiten zur Verbesserung der Finanzsituation der Gebietskörperschaftshaushalte muß bei staatlichen Beschäftigungsinitiativen generell, bei Umweltinvestitionen aber noch im besonderen der Gesichtspunkt der Selbstfinanzierung dieser Ausgaben bedacht werden.

Auf eine dieser Selbstfinanzierungsarten ist bereits verwiesen worden. Sollte die Umweltindustrie wegen des Einsatzes hochmoderner Technologien zu einer auch exportorientierten Wachstumsbranche werden, werden aufgrund dieser Entwicklung im Inland mehr Beschäftigte benötigt. Dies wird im Laufe der Zeit die Steuer- und Beitragseinnahmen des Staates ansteigen und seine Ausgaben zur Bestreitung der Arbeitslosigkeitslasten absenken lassen.

Die hier im Mittelpunkt stehende Selbstfinanzierungsart besteht in der präventiven Vornahme von Umweltinvestitionen überhaupt. Auf ca. 40–70 Mrd. DM wird von der OECD z. B. der Schaden geschätzt, der der Volkswirtschaft in der BRD durch die Verunreinigung der Luft, der Gewässer, des Bodens usw. jährlich entsteht.

Allein der Schaden, der vorwiegend durch den sauren Regen, aber auch durch andere umweltschädigende Faktoren in den deutschen Wäldern verursacht worden ist, wird mittlerweile mit 50 vH des geschätzten Vermögenswertes von 200 Mrd. DM angesetzt. Viele andere ökologische Schäden wie die Auspowerung des Ackerbodens, Verunreinigungen des Grund- und des Trinkwassers oder auch gesundheitliche Gefährdungen der Menschen wie z. B. Erkrankungen der Schleimhäute und Atemwege lassen sich gar nicht exakt quantifizieren. Für ihre Beseitigung oder Linderung müssen die einzelnen Betroffenen oder die Gemeinschaft der Steuer- und Beitragszahler viel Geld aufbringen. Die Beseitigung dieser Kosten wird um so teurer, je später man damit beginnt. Man kann daher festhalten, daß präventiver Umweltschutz allemal biller kommt als das spätere Beseitigen von Umweltbeschädigungen. Die Gültigkeit dieser Zusammenhänge ist entscheidend für die Schlußfolgerung, daß eine wirksame und konkrete Umweltpolitik sich durch ihre Wirkungen selbst finanziert.

Schließlich gelten für öffentliche Umweltinvestitionen generell die Aussagen, die für beschäftigungsrelevante öffentliche Investitionen anderer Art bestehen und die einen wichtigen Begründungsfaktor für das Schuldenfinanzierungsinstrument darstellen. Zusätzlicher Umweltschutz schafft zusätzliche Arbeitsplätze, zusätzliche Arbeitskräfte zahlen mehr Steuern und Beiträge für die Sozialversicherung. Weniger Arbeitslose dagegen kosten weniger Arbeitslosengelder und Sozialhilfe. Dies wirkt sich nicht nur unmittelbar auf die öffentlichen Finanzen aus, sondern stabilisiert auch das Gefüge dieser Gesellschaftsordnung. Und diesen Faktor sollten auch Finanzminister bei ihren Entscheidungen nicht als fiskalpolitisch irrelevant unterschätzen.

VII. Finanzierung von Umweltinvestitionen über indirekte Steuern

Bisher wurde die Finanzierung von Umweltinvestitionen durch die Anhebung von indirekten Steuern zumindest nicht expressis verbis erwähnt. Indirekt angesprochen wurde die dabei zu berücksichtigende Problematik allerdings bereits im Zusammenhang mit der Erörterung der Verknüpfung von Umweltinvestitionen und Beschäftigungspolitik einerseits und der Anwendung von Verursacher und Gemeinlastprinzip andererseits.

Im Gegensatz zu den bisher aufgezählten Finanzierungsmöglichkeiten, insbesondere der Erhöhung der Kreditfinanzierung, ist bei einer Finanzierung über indirekte Steuern die aufgezeigte Wahrscheinlichkeit der Nachfrageumverteilung mit der Endwirkung des Nachfrageausfalls am höchsten. Am deutlichsten läßt sich dies im Falle des Einsatzes der Mehrwertsteuer zeigen. Die Anhebung der Mehrwertsteuer entzieht den Käufern (das können private, aber auch staatliche Konsumenten sein) von mehrwertsteuerpflichtigen Dienstleistungen und Sachleistungen Nachfrage, was sich bei den Anbietern dieser Güter und Leistungen niederschlägt. Auch wenn der Staat dieses Mehreinnahmen ganz wieder für Umweltinvestitionen ausgibt, ist kreislaufmäßig betrachtet der Nachfragesaldo gleich null. Es könnte sein, daß die positiven Beschäftigungseffekte der Umweltinvestitionen höher ausfallen als die negativen Beschäftigungseffekte als Folge des Nachfrageausfalls. Dieses ist – wegen der bereits erwähnten Wachstumseffekte von Umweltinvestitionen – sogar wahrscheinlicher als das Gegenteil. Auf jeden Fall wäre aber nicht mit großen zusätzlichen Beschäftigungseffekten zu rechnen.

Rolf Praml

Abgaben als Instrument des Umweltschutzes

Die öffentliche Diskussion um die gravierenden Umweltschäden der letzten Jahre und ihre wirtschaftlichen und politischen Folgen hat zu einem fast atemberaubend breiten gesellschaftlichen Konsens darüber geführt, *daß* etwas gegen die zunehmende Zerstörung der natürlichen Lebensgrundlagen getan werden muß. Die Versöhnung von Ökologie und Ökonomie ist mittlerweile zu einem Standardtopos geworden, den kein Politiker – gleich welcher Couleur – in einer umweltpolitischen Erklärung auslassen möchte.

Weniger im Blickfeld der Diskussion steht dagegen die Frage, *wie* gewährleistet werden soll, daß die Umwelt tatsächlich schnell, wirksam und nachhaltig entlastet wird; vor allem aber, wie der dringend notwendige Einbau ökologischer Prinzipien in unser Wirtschaftssystem erfolgen soll. Diese Frage ist für den Erfolg verstärkter Umweltschutzmaßnahmen jedoch von entscheidender Bedeutung. Denn weniger fehlende Gesetze und Rechtsvorschriften haben den desolaten Zustand vieler Umweltbereiche verursacht, als die Tatsache, daß bestehende Bestimmungen nicht durchgesetzt worden sind.

I. Umweltschutzgesetzgebung nicht ausgeschöpft

Denken wir nur an das Paradebeispiel der Kraftwerksentschwefelung, wo trotz gesetzlicher Vorgaben und vorhandener Technik fast ein Jahrzehnt lang nichts passierte. Viele weitere Beispiele ließen sich anfügen: Undichte Abfalldeponien, Abwassereinleitungen ohne vollbiologische Reinigung, Naturzerstörung für den Bau überflüssiger Straßen und Leitungen, die technisch unnötige Verschwendung von Wasser und Energie, die nicht verbotenen Gifte in vielen Produkten. Es wird beileibe nicht alles für den Umweltschutz getan, was technisch möglich, rechtlich vorgeschrieben und wirtschaftlich vertretbar wäre.

Warum ist das so? Ganz sicher nicht deshalb, weil die Verantwortlichen in Wirtschaft und Verwaltung allesamt dumm, unfähig und umweltfeindlich wären. Die schlichte aber offenkundige Erklärung lautet vielmehr: Umweltzerstörung findet deshalb statt, weil sie profitabel ist, während Umweltschutz Geld kostet.

Trotz aller anders lautenden Beschwörungen sind Ökologie und Ökonomie auf der Ebene des einzelnen Wirtschaftssubjekts eben doch Gegensätze. Zwar besteht gesamtwirtschaftlich kein Zweifel daran, daß beide Bereiche langfristig nur zusammen optimiert werden können; für den einzelnen Umweltschädiger hingegen sind Profitmaximum und Emissionsmaximum in aller Regel identisch. Das saubere Flußwasser bringt dem Kläranlagenbetreiber kein Geld in die Kasse; Bau und Betrieb der Anlage kosten ihn vielmehr einen erklecklichen Teil seines Gewinns und verringern seine Wettbewerbsfähigkeit gegenüber einer nachlässigeren Konkurrenz.

Daraus zieht der einzelne Umweltsünder einen für ihn ganz rationalen, für die Gesamtgesellschaft aber fatalen Schluß: Er steckt nur so viel an Investitionen in den Umweltschutz, wie gerade unvermeidbar ist. Und er wehrt sich gegen staatliche Stellen, die ihm mehr abverlangen wollen. So wird besserer Umweltschutz meist zu einer äußerst zähen Angelegenheit. Eine Fortsetzung dieses umweltpolitischen Schneckentempos der letzten Jahrzehnte wäre indes nicht zu verantworten.

Die vielbeschworene Versöhnung von Ökologie und Ökonomie bedeutet im Kern nichts anderes, als die Wirtschaftssubjekte in ihrem eigenen langfristigen Interesse von der zerstörerischen Unvernunft eines hemmungslosen Profitstrebens auf Kosten der Umwelt abzuhalten, oder: der Staat als „ideeller Gesamtökologe“.

Die Parallele zu den Anfängen des Wohlfahrtsstaates drängt sich auf, als die übermäßige Ausbeutung menschlicher Arbeitskraft durch Eingriffe des Staates gestoppt werden mußte.

Heute geht es vor allem darum, die immer deutlicher werdenden ökonomischen Langzeitschäden der Umweltzerstörung, aber auch die gesellschaftlichen Erschütterungen zu vermeiden, die aus einer ungehemmten weiteren Ausbeutung der Natur zwangsläufig folgen müßten.

Primäre Aufgabe staatlicher Umweltpolitik ist die Vorgabe eines Ordnungsrahmens, den die Marktteilnehmer von sich aus nicht entwickeln können, weil ihnen kein ökonomischer Indikator verdeutlicht, wie knapp die natürlichen Lebensgrundlagen tatsächlich geworden sind. Diese Vorgabe kann auf zweierlei Weise erfolgen: Entweder nur mit dem herkömmlichen Verwaltungsinstrumentarium der Ge- und Verbote, mit denen den Wirtschaftssubjekten im Interesse des Gemeinwohls ein umweltverträgliches Verhalten gegen ihre ökonomischen Interessen aufgezwungen wird. Oder auch dadurch, daß der Staat den Umweltgütern *zusätzlich einen künstlichen Preis* gibt und so die Umweltbelastung zu einem einzelwirtschaftlichen Kostenfaktor macht, den jeder im eigenen wirtschaftlichen Interesse zu minimieren versucht.

Die Preislösung hat dabei unbestreitbare Vorteile:

1. Der staatliche Aufwand zur Durchsetzung der umweltpolitischen Ziele wird stark verringert, weil das Prinzip der materiellen Interessiertheit für und nicht gegen den Umweltschutz wirkt.

2. Die technische Intelligenz der Umweltsünder wird in eine gesellschaftlich nützliche Richtung gelenkt. Denn nicht derjenige hat ökonomische Vorteile, der mit vielen Gutachten belegt, was alles *nicht* machbar ist, sondern derjenige, der neue Wege zur Umweltentlastung tatsächlich beschreitet. Leistung muß sich wieder lohnen, heißt die Devise.

3. Die Umweltschutzinvestitionen werden zumindest tendenziell dort konzentriert, wo mit dem geringsten Aufwand der höch-

ste Entlastungseffekt zu erzielen ist. Der Staat kann im Einzelfall einen wesentlich größeren unternehmerischen Handlungsspielraum einräumen, wenn durch die Festlegung von Umweltpreisen ein Mißbrauch dieses Handlungsspielraums von vornherein vermieden wird. Dies wiederum ermöglicht eine einzel- und gesamtwirtschaftliche Optimierung der Ausgaben für den Umweltschutz.

4. In einer Gesellschaft, in der alles seinen Preis hat, übersetzen Umweltabgaben die Knappheit und Endlichkeit der Natur in eine Sprache, die alle Teilnehmer am Wirtschaftsleben ohne weitere Nachhilfe sofort verstehen: den Griff in ihren Geldbeutel.

5. Durch die Abgabenerhebung werden verursachergerecht Mittel aufgebracht, die zweckgebunden und gezielt für die ökologische Modernisierung der Wirtschaft eingesetzt werden können. Sie erbringen damit gegenüber der herkömmlichen Wirtschaftsförderung einen weit höheren gesellschaftlichen Nutzen.

Umweltabgaben sind sicher kein Allheilmittel für alle Probleme des Umweltschutzes; sie setzen einige Randbedingungen voraus, um wirkungsvoll zu sein, so z. B. wenig Aufwand bei der Abgabenerhebung, Spielräume für technische Innovationen oder die Substitution umweltschädlichen Verhaltens bei den Abgabepflichtigen. Aber auch unter Berücksichtigung dieser Randbedingungen gibt es eine ganze Reihe von Problembereichen, in denen das Stimulans des Profitstrebens von einem umweltbelastenden Faktor zu einem Instrument der Umweltentlastung gemacht werden könnte:

– Die bereits bestehende Abgabe auf Abwassereinleitungen ließe sich weiter verbessern.

– Die Verschwendung wertvollen Grundwassers für gewerbliche und landwirtschaftliche Zwecke ließe sich durch eine Abgabe verringern.

– Die Sanierung luftverpestender Produktionsanlagen ließe sich durch eine Schadstoffabgabe erheblich beschleunigen.

– Der Landschaftsverbrauch außerhalb geschlossener Ortslagen könnte durch eine Ausgleichsabgabe für den Naturschutz deutlich eingeschränkt werden.

– Eine Abwärmeabgabe könnte die umweltbelastende Energieverschwendung reduzieren.

– Zwangspfand und Verpackungssteuer trügen dazu bei, die kostentreibende und umweltbelastende Verschwendung von Verpackungsmaterial zu verringern.

III. Abgaben als Instrument zur ökologischen Transformation des Industriesystems

Aber nicht nur derartige direkt verhaltenslenkende Sonderabgaben stehen zur Verfügung, um den Umweltschutz zu einem Teil der einzelwirtschaftlichen Kalkulation zu machen. Auch viele bereits vorhandene Abgaben, deren vorrangiger Zweck die Einnahmeerzielung des Staates ist, enthalten brachliegende, kostenneutrale Steuerungsressourcen, die zugunsten des Umweltschutzes aktiviert werden könnten:

a) So könnten durch die Gestaltung der Wasser-, Abwasser-, Abfall- und Energietarife stärkere wirtschaftliche Anreize zur umweltentlastenden Einsparung natürlicher Ressourcen gegeben werden (insbesonders durch Reduzierung der Fixbestandteile und der Mengenvergünstigungen sowie durch Verschmutzungszuschläge).

b) Bei der Erhöhung allgemeiner Verbrauchssteuern könnten umweltbelastende Anknüpfungstatbestände (z. B. Energieverbrauch) anstelle gesellschaftlich erwünschter Anknüpfungstatbestände (z. B. Verkauf von Waren) bevorzugt werden.

c) Bei den Verkehrssteuern (insbesondere der Grunderwerbssteuer) ließen sich Außenbereichsgeschäfte zu Bauzwecken höher besteuern als es dem Verkehrswert entspricht (dasselbe gilt bei der Grundsteuer).

d) Die Kfz-Steuer könnte vom Hubraum abgelöst und an Schadstoffemissionen, Lärm und Verbrauch angeknüpft werden.

Folge dieser Monetarisierung der Umweltschädigung wäre ein starker Innovationsschub für mehr Umweltentlastung. Statt zur gesellschaftlich schädlichen Wegrationalisierung von Arbeitsplätzen würden so verstärkt Investitionen in einen Bereich gelenkt, der allen gesellschaftlichen Gruppen nützt. Damit wäre eine zentrale Voraussetzung für das heute allenthalben beschworene qualitative

Wachstum und damit das Überleben unserer industriellen Zivilisation geschaffen.

Gerade denjenigen, die sonst nicht müde werden, die segensreichen Wirkungen des Marktes zu preisen, müßte eigentlich schon lange aufgefallen sein, daß im Umweltschutz die „unsichtbare Hand" des Knappheitspreises fehlt, die aus der Summe der umweltrelevanten Einzelentscheidungen ein gemeinwohlverträgliches Ganzes macht. Tatsächlich aber sind Umweltabgaben bei der Wirtschaft und ihrer politischen Lobby wenig beliebt. Denn sehr schnell zeigt die Diskussion über dieses Thema, daß mehr Umweltschutz eigentlich nicht gewollt und der verbale Konsens über die Versöhnung von Ökologie und Ökonomie oft nicht mehr ist als eine Phrase. Die Gegner von Umweltabgaben glauben sehr wohl an das Funktionieren des ökonomischen Hebels zur Entlastung der Umwelt – eben darum aber bekämpfen sie ihn erbittert.

Andererseits polemisieren auch manche Umweltschützer gegen den vermeintlichen „Ablaßhandel", den sie hinter der Einführung von Umweltabgaben vermuten. Sie verkennen oder verschweigen dabei jedoch die triste Realität des Alltags der Umweltverwaltung, deren Durchsetzungsmöglichkeiten ohne Mobilisierung des wirtschaftlichen Eigeninteresses an mehr Umweltschutz im Rechtsstaat immer begrenzt bleiben werden (von personellen und sachlichen Knappheiten gar nicht zu reden). Wer Umweltverschmutzung nicht besteuern will, wird immer mehr Umweltzerstörung bekommen – und muß der Allgemeinheit zudem steigende Reparaturkosten zumuten.

Wir brauchen den politischen Mut, Umweltverschmutzung aus der mystischen Ecke zu holen, sie als harte, aber logische Konsequenz unserer Wirtschaftsform zu begreifen – und ihr mit adäquaten Mitteln begegnen. Die zivilisatorische Schwarzmalerei von Grünen und der rosarote Nebel der Schwarzen verdecken des Pudels Kern. Neben der sozialen Umverteilung wirtschaftlicher Macht steht auch die ökologische Transformation der industriellen Wirtschaft als gesellschaftlicher Interessenantagonismus an. Wenn wir in diesem Konflikt die Kassen der Umweltzerstörer in Frieden lassen, wird die Plünderung unseres Planeten kaum zu verhindern sein.

Lothar Witte, Karl Bergmann, Karl-Heinz Brendgen

Positive Subversion. Die Ökobank und ihre Hintergründe

I. Das ist die Lage: Ökologisches Wirtschaften und alternatives Kapital

Millionen von Menschen wenden sich gegen die zunehmende Bedrohung unseres Planeten und engagieren sich für ein Leben in einer lebenswerten, friedensfähigen Umwelt, für ein friedfertiges Leben miteinander und mit der Natur.

Hunderttausende Friedensdemonstranten sind eine gewichtige politische Macht. Was dabei übersehen wird: sie sind zugleich eine nicht weniger ernstzunehmende wirtschaftliche Kraft. Davon aber wird viel weniger Gebrauch gemacht als möglich wäre: ihr Geld, das nach vielen Millionen zählt, „arbeitet", während sie demonstrieren, für das von ihnen politisch bekämpfte ökonomische System der Zerstörung. In den Tresoren und auf den Konten der großen Banken, die dieses System finanzieren.

Es ist paradox, aber wahr: mit unserem Geld finanzieren wir, was wir politisch nicht wollen. Trotz aller Erfolge und dem ständigen Anwachsen der Protestbewegung wird die Herrschaftsseite machtvoller, vor allem was die Produktionsentscheidungen betrifft (jüngstes Beispiel: die Gentechnologie). Eine destruktive politisch-ökonomische Entwicklung konnte an den meisten Stellen bisher im günstigsten Falle gebremst, kaum aufgehalten, so gut wie nie zurückgedrängt werden. Werfen wir noch einmal einen Blick auf die Atomkraftwerke, Startbahnen, Wohnsilos, Panzer und Raketen, die nicht verhindert werden konnten. Wir sehen, daß die Durchsetzungschancen von Gesellschaftsveränderungen Jahr für Jahr schwieriger werden, auch wenn durch Aufklärungs- und Bewußtseinsarbeit Erfolge erzielt werden. Der Grund: die politisch-ökonomische Entwicklung hat die Tendenz, sich zunehmend gegen fortschrittliche Veränderungen abzuschotten. Dies ist das faktische Ergebnis vorherrschender politischer und ökonomischer Strategien.

Hieraus ergibt sich ein Zeitdruck hinsichtlich der Effektivierung von Gegenpolitik, der bei der Rüstungsspirale besonders deutlich wird. Je später die Friedensbewegung wirksam wird, desto höher ist das Niveau, von dem aus abgerüstet werden muß. In anderen Bereichen (jüngstes Beispiel: Chemische Industrie) verhält es sich ähnlich.

Welche Politik die Banken mit unserem Geld machen, ist bekannt. Unser Geld kommt auch in die Hände von Leuten, die in fragwürdige Großprojekte und menschenvernichtende Rüstungsgüter investieren. Auch unser Geld versetzt die Banken in die Lage, zig Milliarden DM an Krediten zu verteilen. Wir können dann nicht mehr verhindern, daß dieses Geld ins AKW-Geschäft oder in die Rüstung oder nach Südafrika fließt.

II. Die Idee der Ökobank

Als die Friedensbewegung 1983 zum Boykott der Rüstungsfinanzierung durch eine Abhebung von Sparguthaben bei den Banken aufrief, war das Problem: wohin mit dem Geld? Was sollte damit geschehen? Es muß doch einen Weg geben, Geld zu bündeln und so einzusetzen, daß es gemäß unseren politischen Zielen Vorhaben finanziert, die heute politisch blockiert oder boykottiert werden. Die privaten Haushalte haben 1982 600 Mrd. DM in Form von Bar- und Spareinlagen bei deutschen Banken angelegt. Wenn die Friedens- und Ökologiebewegten die eigenen Einlagen abziehen und damit eine eigene Bank gründen, könnten entscheidende neue Akzente gesetzt werden. Sicher läßt sich auf diese Weise nicht verhindern, daß Panzer, AKWs, Startbahnen usw. gebaut werden. Eine Bank kann den vielfältigen Protest gegen derartig fragwürdige Projekte nicht ersetzen, denn hierfür wird immer noch genügend Geld da sein. Mit Hilfe einer eigenen Bank aber wäre es möglich, in Ergänzung zu jenem Protest aus eigener Kraft einen ökologisch orientierten Wirtschaftssektor aufzubauen und vielleicht eine politisch-ökonomische Gegenposition zu erreichen, die der bisherigen Zerstörungsdynamik auf diesem Weg gewisse Grenzen setzen kann.

Das ökonomische Potential der „Alternativopposition" kann zusammengefaßt ein Machtfaktor werden, an dem keine Politik mehr vorbeikommt. Eine „Gegenkapitalfraktion" in der angedeuteten Größenordnung ist zwar zunächst ein Wunschtraum, der sich jedoch realisieren läßt, wenn wir uns gemeinsam gegen die uns auferlegten Zwänge zur Wehr setzen. Denn es ist ja nicht so, daß einem etwaigen 5%-Sektor Ökokapital ein geschlossener 95%-Block des etablierten Kapitals gegenübersteht. Dafür gibt es große Konkurrenz- und Interessenunterschiede innerhalb und zwischen den einzelnen Branchen. Der eigentliche Einfluß eines ökologisch orientierten Wirtschaftssektors greift weit über seine aufrechenbare Größe hinaus. Die bisherigen Diskussionen über ökologisches Wirtschaften haben dies bereits sehr deutlich gezeigt.

Wir haben den Namen „Ökobank" nicht ohne Grund gewählt: ‚Öko' meint Ökologie und Ökonomie. Daß die Ökologie bisher ihre Grenzen an der Ökonomie fand, weiß heute fast jeder. Das Problem ist deshalb: eine ökologische Produktion aufzubauen, die sich ökonomisch trägt, und sie gegen die Konkurrenz durchzusetzen. Einige Großunternehmen haben schon gut begriffen, daß sich Ökologisches rentabel verwerten läßt. Das hat zu dem Vorurteil geführt: alles, was wir an Alternativen entwickeln, greift das Kapital auf und verwertet es in seinem Sinne. Es sei aussichtslos, daß sich Alternativbetriebe gegen die Großbetriebe durchsetzen. Den Konzernen wird eine uneingeschränkte Verdrängungsmacht unterstellt. Diese Ansicht ist falsch.

Nur weil sich die Alternativbewegung der Aufgabe bisher noch nicht gestellt hat, ihre Vorstellungen von Ökologisierung auch ökonomisch voranzutreiben, genügen geringe Kapitalien für die Vermarktung ökologischer Produkte und Ideen. Die Alternativbewegung muß dafür ihre überlegene Kreativität nutzen und ist dann auch ökonomisch stark.

Der ökologische Wirtschaftssektor steckt noch in den Anfängen. Aber schon jetzt gibt es eine Vielzahl von Initiativen und Betrieben auf den Bereichen mittlere und angepaßte Technologien, Produktkonversion, alternative Fertigung, Recycling, ökologisches Bauen, alternative Energiewirtschaft, umweltfreundliche Produkte, Biolandbau usw. Ein anderes Wirtschaften wird in der Praxis Schritt für Schritt aufgebaut werden. Wir dürfen jedoch nicht erwarten, daß diejenigen, die heute die Zerstörung der Natur zu verantworten haben, morgen unsere Vorstellungen von Leben und Arbeiten verwirklichen werden. Das müssen wir selbst tun.

Die Ökobank wird nicht alles ändern können. Sie kann nur Projekte ermutigen, ein Haus zu kaufen und nach ökologischen Gesichtspunkten zu sanieren. Sie kann Betriebe unterstützen, die ökologisch produzieren. Sie kann nur helfen, wo von unten sich etwas bewegt. Mit anderen Worten: auch durch die Ökobank wird nicht alles besser, aber zusammen mit der Ökobank haben viele politische Forderungen mehr Durchsetzungskraft.

III. Ein anderer Weg: Selbstverwaltungswirtschaft

Die Entwicklung der selbstverwaltenden Betriebe in den 70er Jahren war alles andere als geplant, sie war ausgesprochen naturwüchsig. Der äußere Rahmen hieß Alternativbewegung, hieß aussteigen aus dem System von Konkurrenz, Leistungsdruck und Fremdbestimmung. Viele Kollektive sind sehr pragmatisch entstanden, als Antwort auf alltägliche Erfahrungen. So entstanden Druckereien, Verlage, Buchhandlungen, Bioläden, Vertriebssysteme für biologische Nahrungsmittel, Bauernhöfe in kollektiver Führung und mit biologischem Anbau. Arbeitslose machten aus der Not eine Tugend und begannen zu entrümpeln, zu transportieren, Flohmärkte zu organisieren. Schreinereien und Töpfereien entstanden aus dem Wunsch, der eintönigen Fabrikarbeit zu entfliehen und mit natürlichen Stoffen kreativ umgehen zu können. Diese Aufzählung ließe sich fortführen.

Das Motiv war in allen Fällen die Selbsthilfe, und es gab auch genügend Nischen und Marktlücken, die nur ausgefüllt zu werden brauchten. So fanden sich hoffnungsvolle Aussteiger in der Regel dann in irgendwelchen heruntergekommenen Fabriken und Hinterhöfen wieder, 60 und 70 Stunden in der Woche meistens damit beschäftigt, ausgemusterte Maschinen und abgehalfterte Transportmittel irgendwie am Laufen zu halten. Hätte es in dieser Situation schon so etwas gegeben wie eine Ökobank, wäre möglicherweise manches anders gelaufen. Inzwischen haben sich einige Prinzipien der Selbstverwaltung herausgebildet, die sich stichwortartig benennen lassen: Abkopplung der Entscheidungsbefugnis vom Kapitalbesitz, Verhinderung hierarchischer Strukturen im Betrieb, dezentraler Betriebsaufbau, Selbstverantwortlichkeit der Kollektivmitglieder und gleicher Lohn für alle.

Die meisten selbstverwalteten Betriebe der letzten Jahre sind längst raus aus der ursprünglichen Experimentier- und Hobby-Phase. Alle mußten lernen, daß es einen Ausstieg aus dem Wirtschaftssystem im Sinne einer Einbettung in von Konkurrenz und Leistungsdruck befreiten Zonen nicht gibt. In dem Maße wie deutlich wurde, daß es sich bei den bis dato vernachlässigten Arbeitsfeldern und Kundenpotentialen tatsächlich um Märkte handelt, die Absatzchancen bieten, wurden die ehemaligen „Nischen" auch für privatwirtschaftliche Betriebe interessant. Sich in dieser Konkurrenz durchzusetzen, hieß auch für selbstverwaltete Betriebe: Zwang zu ständig verbesserten Produktionsmitteln, Notwendigkeit des Umzugs in geeignetere Räumlichkeiten usw. Und das bedeutet: erhöhter Kapitalbedarf.

Deshalb ist ein kritischer Punkt in der Entwicklung erreicht, der grundsätzliches Umdenken, grundsätzlich anderes Vorgehen in der Zukunft erfordert.

Vor allem zwei Faktoren sind es, an denen sich die neue Situation deutlich machen läßt:

1. In Diskussionen über Auswege aus der Krise und Möglichkeiten der Überwindung von Arbeitslosigkeit sind selbstverwaltete Betriebe als „Experten" geschätzt. Das dieser „dualen Wirtschaft" zugrundeliegende Konzept ist aber sehr fragwürdig: das der „ersten Wirtschaft", in der die dritte technische Revolution umgesetzt

wird und in der weiter massenhaft Arbeitskräfte „freigesetzt“ werden und große Gewinne eingestrichen werden können, und das der „zweiten“, der Alternativwirtschaft, die den Sozialstaat und das Arbeitsamt entlastet, indem sie einen möglichst großen Teil der „Freigesetzten“ des „ersten“ Wirtschaftssektors wieder aufnimmt und in Selbsthilfe möglichst viele Funktionen des Sozialstaates übernimmt.

2. Kapital auf der Suche nach zusätzlichen Verwertungsmöglichkeiten drängt auf die von Alternativbetrieben erschlossenen Märkte, was die Betriebe wiederum zu erhöhter Produktivität zwingt. In vielen Bereichen tobt schon seit längerem der Konkurrenzkampf auch zwischen selbstverwalteten Betrieben – mit nicht nur ökonomisch fatalen Folgen.

Die Strukturmängel der selbstverwalteten Ökonomie, jahrelang vernachlässigt und nicht diskutiert, weil nicht diskutierbar, werden jetzt offenbar. Die ‚small-is-beautiful‘-Mentalität der auf ihrer uneingeschränkten Autonomie beharrenden Kleinstkollektive zeigt ihre Kehrseite.

Die Folge: entweder wird bereitwillig und unkritisch nach Subventionen gegriffen und die ökonomisch brenzlige Lage des Betriebes damit kurzfristig überdeckt. Oder man bedient sich anderer Mittel, steigert die Produktionskapazitäten und versucht, sich am Markt zu behaupten, was selbstverständlich eine gesteigerte Konkurrenz zu allen anderen Kollektivbetrieben bedeutet, da unter diesen Voraussetzungen nur wenige überleben können.

Der Ausweg besteht in der gemeinsamen Offensive aller selbstverwalteten Betriebe eines Bereichs, den eigenen Markt auszudehnen und nun umgekehrt in traditionelle Märkte einzubrechen. Das geht aber nur, wenn man sich erstens überhaupt zusammenfindet, d.h. wenn es den Willen zum gemeinsamen Handeln gibt; wenn man sich zweitens auf eine enge Kooperation einlassen kann; wenn man drittens bereit ist, sich auf einer höheren Stufe zu verschulden und die nötigen Mittel dazu auch lockermachen kann; und wenn man viertens anfängt zu begreifen, daß eine selbstverwaltete Wirtschaft nur so auf Dauer zu menschenwürdigen Bedingungen möglich ist.

Zusammenfassend bleibt festzustellen, daß das Prinzip der Selbstverwaltung in der Vergangenheit seine Lebensfähigkeit unter Beweis gestellt hat und die Chance, den selbstverwalteten Bereich auszuweiten und zu einem gesellschaftlich wichtigen Faktor zu machen, gestiegen ist. Es geht um eine ökologisch orientierte Selbstverwaltungswirtschaft, die den Anspruch verwirklicht, die menschliche Alternative zu privatem Kapitalismus auf der einen und Staatskapitalismus auf der anderen Seite zu sein. Die Öko-bank ist eines der Instrumente, solche Pläne auch umzusetzen.

Klaus Traube

Möglichkeiten zur Veränderung der Industriegesellschaft am Beispiel der Energiepolitik

Der Energieumsatz ist neben der Erzeugung und dem Einsatz chemischer Produkte die bedeutendste Quelle von Umweltbelastungen. Er ist Hauptverantwortlicher für die Emission von Luftschadstoffen, deren Immission in hohem Maß auch zur Belastung des Bodens und der Gewässer beiträgt. Vier der sechs wichtigsten Luftschadstoff-Guppen (Schwefeldioxyd, Stickoxyde, Kohlenmonoxyd und Halogenverbindungen) werden ganz überwiegend, die beiden anderen (Kohlenwasserstoffe und Schwermetalle) zum erheblichen Teil beim Energieumsatz emittiert. Die umweltverträgliche Gestaltung des Energiesystems ist daher eine Herausforderung an die Industriegesellschaft – das Waldsterben hat dies drastisch vor Augen geführt.

Dabei steht derzeit die Rückhaltung der von Kraftwerken und Autos emittierten Schadstoffe im Vordergrund. Dies ist berechtigt, denn bei der Elektrizitätserzeugung und im Kraftfahrzeugverkehr entstehen erheblich mehr Luftschadstoffe als in den Feuerungen für Heiz- und Prozeßwärme, obwohl diese den überwiegenden Teil – fast zwei Drittel – des gesamten Energiebedarfs der Verbraucher decken.

I. Zum Beispiel Japan und die USA

Die Zuspitzung der Umweltkrise und des daraus resultierenden Drucks der Bevölkerung haben den japanischen Staat Anfang der 70er Jahre zu durchgreifenden Maßnahmen, insbesondere gegen die Luftschadstoffemissionen aus Kraftwerken und Autos, veranlaßt. So konnte der Ausstoß an Schwefeldioxyd in Japan von 4,2 Mio t im Jahre 1970 auf 1,1 Mio t im Jahr 1978 gesenkt werden, während in der Bundesrepublik seit 1970 etwa gleichbleibend jährlich 3,5 Mio t emittiert wurden. Auch in den USA ist die Entschwefelung des Kraftwerkparkes weit gediehen. Während die Emission von Stickoxyden hierzulande beständig ansteigt und die verbindliche Einführung des Abgaskatalysators immer noch aussteht, wurden Grenzwerte für die PKW-Abgase, die den Katalysator erzwingen, in den USA und Japan schon vor etwa einem Jahrzehnt verbindlich festgelegt. Die Entstickung der Kraftwerke mittels Katalysatoren wird in Japan seit der zweiten Hälfte der 70er Jahre schnell vorangetrieben.

Heftige Polemik der Wirtschaftsverbände – insbesondere der Elektrizitätswirtschaft – sowie ihrer Sprachrohre in Politik und Publizistik hat in der Bundesrepublik mehr als ein Jahrzehnt lang durchgreifende Verordnungen des Staates zur Luftreinhaltung verhindert. Der Widerstand dagegen verlief nach dem bei drohenden Umweltschutz-Auflagen üblichen Ritual: Umweltschutz sei gut und notwendig, aber die hier und jetzt geforderten Maßnahmen seien einseitig und überzogen, die gewaltigen Kosten stünden in keinem vernünftigen Verhältnis zu dem erwartbaren, dürftigen Resultat, sie würden die internationale Wettbewerbsfähigkeit untergraben und damit Arbeitsplätze gefährden.

Die japanische und amerikanische Industrie im allgemeinen und die Autoindustrie im besonderen haben bekanntlich nicht nur die nationale Luftreinhaltungspolitik überlebt, sondern noch dazu wesentlich schärfere Geschwindigkeitsbegrenzungen, als sie in der Bundesrepublik derzeit von der parlamentarischen Opposition gefordert werden. Die japanische Industrie hat als Lieferant von Entstickungsanlagen für Kraftwerke und einer vollständigen Palette von Katalysatorfahrzeugen klare Wettbewerbsvorteile, denen nun mit verstecktem Protektionismus – dem Hinausschieben von Umweltauflagen – zu Lasten der Umwelt begegnet wird.

II. Der Staat muß eingreifen

Es ist evident, daß die Kräfte des freien Marktes dem wirtschaftlichen Handeln nicht die Rückhaltung von Schadstoffen, sondern einen möglichst kostenfreien Verbrauch von Umwelt aufprägen. Sie führen damit auch zu gesamtwirtschaftlich unsinnigen Resultaten, denn allein der zurechenbare Geldwert der Schäden an menschlicher Gesundheit, an der Vegetation und an Bauwerken übersteigt die Kosten der Schadstoffrückhaltung bei weitem – und es geht bei Menschen, Wald und selbst bei vielen Bauwerken gewiß um mehr als den Geldwert.

Die schlichte Einsicht, daß hier der Staat gestaltend, „dirigistisch", in den Wirtschaftsprozeß eingreifen muß, paßt freilich den neokonservativen Ideologen nicht in ihr Weltbild, in dem die von staatlichen Fesseln befreiten Marktkräfte nahezu alles heilen und der Rest auf das Handeln der Bürger abgeschoben wird. Dieses durch die industrielle Umweltzerstörung arg lädierte Bild soll restauriert werden mittels einer Kampagne für „marktwirtschaftliche" Instrumente (z. B. Umweltzertifikate) als Mittel zur Schadstoffreduktion. Aber ob der Staat Gebote und Verbote oder marktkonforme Mittel einsetzt, das ist lediglich eine Frage der Zweckmäßigkeit; in jedem Fall muß er die Regeln bestimmen und gegen partikulare, wirtschaftliche Interessen durchsetzen.

Die Rückhaltung von Luftschadstoffen ist zwar äußerst dringlich, aber nur begrenzt wirksam. Zudem gehen vom Energieumsatz eine Reihe weiterer, bedeutender Umweltbelastungen aus wie die mit der Elektrizitätserzeugung in Großkraftwerken verbundenen spezifischen Probleme der Kernenergie und der örtlich konzentrierten Abgabe enormer Abwärmemengen. Jeder Energieumsatz ist umweltintensiv, wenn auch in unterschiedlichem Maß je nach Technik und nach Energieträger. Selbst die Nutzung regenerativer Energieträger auf der Basis Sonnenenergie ist nicht von vornherein umweltneutral, wie etwa das österreichische Donau-Kraft-Werk Hainburg oder gar Pläne zur Gewinnung von Treibstoff aus intensiver Landwirtschaft zeigen.

Daher ist die langfristig bedeutendste Aufgabe bei der Gestaltung eines umweltverträglichen Energiesystems die rationellere Nutzung von Energie. Die Aktivierung der „Energiequelle Energiesparen“ erfordert einerseits bewußteren Umgang mit Energie, andererseits technische Investitionen in allen Bereichen der Energienutzung – der Raumheizung, den Produktionsverfahren und den energieverbrauchenden Produkten wie Haushaltsgeräten und Autos. Es gibt keine umweltfreundlichere, zudem krisensicherere, dem einzelnen wie dem Staat mehr Unabhängigkeit verschaffende Energieinvestition als diejenige, die den Energiebedarf reduziert, die also einen Teil der Energieversorgung überflüssig macht.

Energiesparen ist die kostengünstigste unter den künftig erschließbaren „Energiequellen“. Die aus dem Kapitaldienst für energiesparende Investitionen resultierenden Kosten der „eingesparten“ Kilowattstunde sind in der Regel erheblich geringer als die Kosten der Erzeugung einer Kilowattstunde aus zusätzlich bereitgestellten Versorgungskapazitäten. Energiesparen ist daher der effizienteste Weg zur Begrenzung der Energiekosten, für deren Deckung der durchschnittliche deutsche Haushalt direkt (Heizung, Strom, Benzin) und indirekt (Energieanteil im Konsumgüterpreis) etwa ein Siebtel des Einkommens aufwendet. Energiesparinvestitionen sind zudem in der Regel arbeitsintensiv, sichern und schaffen Arbeitsplätze.

Die Umgestaltung des Energiesystems zur rationelleren Energienutzung ist also gleichermaßen aus Gründen der Ökologie, der Ökonomie und der Sozialverträglichkeit erstrebenswert, sollte mithin die vorrangigste Aufgabe der Energiepolitik sein. Freilich müßte dann die Energiepolitik den Konflikt mit der mächtigen Energiewirtschaft wagen, die ja vom Verkauf von Energie lebt und ungeniert hörbar aufatmete, als im vergangenen Jahr endlich der Energieverbrauch in der Bundesrepublik wieder anstieg. Der strukturelle Konflikt zwischen dem unbestreitbaren öffentlichen Interesse an rationellerer Energienutzung und den partikularen Interessen der Energiewirtschaft wird von den neokonservativen Ideologen mit dem Hinweis auf die großen Einsparerfolge des vergangenen Jahrzehnts überspielt, die ja Beweis für die Leistungsfähigkeit des Energiemarktes seien.

Die seit 1973 eingetretenen starken Energiepreissteigerungen hatten den an sich erwartbaren, von der Energiezunft und dem Staat merkwürdigerweise nicht einkalkulierten Effekt, daß die Energieverbraucher den Energiekonsum erheblich drosselten. Der durchschnittliche Energienutzungsgrad stieg während des vergangenen Jahrzehnts um rund ein Drittel, der Energieverbrauch lag daher im vergangenen Jahr um ein Drittel niedriger als er gelegen hätte, wären das technische Niveau der Energienutzung und die Nutzergewohnheiten auf dem Stand von 1973 verharrt. Während die Elektrizitäts- und Gaswirtschaft im Einvernehmen mit dem Staat eine massive Ausweitung des Angebots an Atomstrom und Erdgas propagiert und betrieben hatten, erwies sich die kaum beachtete Energiequelle Energiesparen als weit ergiebiger. Das bedeutet aber noch keineswegs, daß sie bereits in einem gesamtwirtschaftlich optimalem Maß aktiviert worden ist.

Bezeichnend ist hier die Einschätzung der jüngsten, vom Bundeswirtschaftsminister bestellten Energieprognose, die im Juni 1984 von der Prognos vorgelegt wurde. Sie weist der rationelleren Energienutzung auch im Prognose-Zeitraum bis zum Jahr 2000 die bedeutendste Rolle zu: Wie seit 1973, so werde auch bis zum Jahr 2000 der (infolge des erwarteten Wachstums der Wirtschaft, der beheizten Wohnfläche, der Zahl der Autos etc.) erhöhte Bedarf an Energiedienstleistungen durch Energiesparen aufgefangen, der Energiebedarf also etwa konstant bleiben. Die Prognos betont aber, daß diese Prognose „in keinem Bereich weder die technisch machbaren noch die wirtschaftlich lohnenden Einsparmöglichkeiten auch nur annähernd ausschöpft".

Eine dem Gemeinwohl verpflichtete Energiepolitik müßte dafür sorgen, daß zumindest die wirtschaftlich lohnenden Einsparmöglichkeiten annähernd ausgeschöpft werden. Sie müßte dazu strukturelle Defizite des ordnungspolitischen Rahmens aufdecken und beseitigen. Eine den Interessen der Energiewirtschaft verpflichtete

Energiepolitik wird dagegen unter Berufung auf den funktionierenden „freien" Markt möglichst am Status quo festhalten, und gestaltende Eingriffe als „Dirigismus" ablehnen.

IV. Verfilzung Staat – Energiewirtschaft

Gerade im Energiebereich mangelt es an Konsumentensouveränität und vollkommener Konkurrenz als den Voraussetzungen dafür, daß das Marktgeschehen zu gesamtökonomisch sinnvollen Resultaten führt. Für die privaten und gewerblichen Energieverbraucher als der wichtigsten Gruppe der Akteure einer rationelleren Energienutzung steht das Energieproblem nicht im Vordergrund des wirtschaftlichen Interesses. Gegenüber der Energiewirtschaft haben sie ein hohes Defizit an Information und Motivation. Die Gruppe der Hersteller energieverbrauchender Konsumgüter (wie Haushaltsgeräte und Autos) wie auch die Bauwirtschaft haben gar kein eigenständiges Interesse an einer energiesparenden Ausstattung ihrer Produkte. Daher sind die wirtschaftlichen Antriebskräfte zur rationelleren Nutzung von Energie weit schwächer entwickelt als die auf Wachstum des Energieumsatzes zielenden Antriebskräfte der Energiewirtschaft. Bund, Länder und Gemeinden können dieses strukturelle Defizit ausgleichen durch Motivierung, Beratung und Anreize zum Energiesparen, durch beispielgebendes Verhalten im eigenen Bereich, durch das Setzen von Standards für die Herstellerindustrie, vor allem durch Beschränkung der Marktmacht der Energiewirtschaft.

In der Praxis sorgt aber eine innige Verfilzung staatlicher Instanzen aller Ebenen mit der Gas- und Elektrizitätswirtschaft dafür, daß diese weitgehend staatlich geregelten Branchen weiterhin expandieren. Insbesondere die überwiegend im staatlichen Besitz befindlichen Elektrizitäts-Verbundunternehmen nützen ihre vom Staat verliehene Monopolstellung zu agressiven Marktstrategien (u.a. zu einer enorm differenzierten, auf einem freien Markt undenkbaren Preispolitik), die das Energiesparen ebenso massiv behindern wie die kommunale und industrielle Eigenstromerzeugung. Die Behinderung dieser Eigenerzeugung wiederum unterbindet – im Verein mit der Expansion der Gasversorgung für die Raumheizung – den Ausbau der Kraft-Wärme-Kopplung, die der einzig bedeutende Beitrag ist, den die Energiewirtschaft selbst zur rationelleren Energienutzung leisten kann (zudem auch zur langfristigen Stabilisierung des Absatzes der heimischen Kohle). Viele Kommunalpolitiker und Stadtwerke fügen sich dem Druck der großen Gas- und Elektrizitätsversorger und betrachten die Energieversorgung lediglich noch unter dem Aspekt, auf möglichst bequeme Weise Einnahmen (Konzessionsabgaben und Gewinnabführung) aus dem Verkauf von möglichst viel Strom und Gas zu erzielen.

Seit fast einem Jahrzehnt hält nun schon die Diskussion um den Abbau anachronistischer Privilegien der Elektrizitäts- und Gaswirtschaft an, um die zeitgemäße Anpassung des Energiewirtschaftsgesetzes, der Tarifordnung, der Aufsichtspraxis etc. an das Ziel rationellerer Energienutzung – bisher ohne durchgreifenden Erfolg. Die dem Energiewirtschaftsgesetz unterworfenen Branchen haben es im Verein mit den Gralshütern der „freien" Marktwirtschaft verstanden, Angriffe auf ihre Privilegien als „Dirigismus" zu brandmarken – obwohl es in diesen durch und durch staatlich geregelten Branchen gar nicht um die Erweiterung, sondern lediglich um die Änderung staatlicher Lenkung geht.

Andere westliche Industriestaaten haben wesentlich mehr unternommen, um Antriebskräfte zur rationelleren Energienutzung freizusetzen. So wurde beispielsweise in den USA die Elektrizitätswirtschaft gesetzlich verpflichtet, ihren privaten und gewerblichen Kunden Beratung und billiges Kapital für Energiesparinvestitionen anzubieten, weil dies kostengünstiger ist als die Bereitstellung neuer Kraftwerkskapazitäten. Beispiele wie das der Stadt Saarbrücken zeigen, daß auch bei uns – trotz ungünstiger Rahmenbedingungen – Kommunen wirksame Hilfen zur rationelleren Energienutzung anbieten und die energiesparende Kraft-Wärme-Kopplung ausbauen können, wenn sich der politische Wille und ein unternehmender Geist der Stadtwerke verbünden.

Es gibt keinen prinzipiellen Konflikt zwischen einer gesamtwirtschaftlich rationalen Energiepolitik – die auf langfristige Eindämmung der Energiekosten und gesicherte Versorgung abzielt – und einer Umweltpolitik, die auf eine drastische Minderung der vom Energiesystem ausgehenden Umweltrisiken abzielt. Eckpfeiler einer integrierten Energie- und Umweltpolitik müssen die Aktivierung des auch weiterhin enormen Potentials der „Energiequelle Energiesparen“ und konsequente Auflagen zur Luftreinhaltung sein. Beides verlangt eine klare Führungsrolle des Staates, der hier Konflikten mit partikularen – vermeintlichen oder echten – Interessen der betroffenen Wirtschaftsbranchen nicht ausweichen darf.

Lutz Mez

Luftreinhaltung und Energieunternehmen. Zur Kritik der Entsorgung von Kraftwerken

Die Umweltpolitik der Bundesregierung räumt der Luftreinhaltung zwar Priorität ein, aber in der Praxis zeichnet sich die Luftreinhaltepolitik durch großen Aufwand und geringe Erfolge aus. So ist das Bundesimmissionsschutzgesetz das kompletteste Umweltschutzgesetz Europas, aber wegen der strukturell bedingten Vollzugsdefizite ist die Luft in der Bundesrepublik auch nicht besser als bei unseren Nachbarn. Mit rund 3,5 Mio t ist die jährliche Gesamtemission des Luftschadstoffes Schwefeldioxid (SO_2) seit Mitte der 60er Jahre in etwa konstant hoch, wobei allerdings der SO_2-Ausstoß der Kraftwerke und Fernheizwerke beträchtlich gestiegen ist – von 1,5 Mio t (1966) auf 1,9 Mio t (1982).

I. Immissionsverlagerung statt Emissionsminderung

Bisher baute die Luftreinhaltepolitik einerseits auf Immissionsvorschriften zum Schutze der menschlichen Gesundheit, andererseits zielte sie auf eine allgemeine Immissionsverminderung nach dem Vorsorgeprinzip in Verbindung mit dem „Stand der Technik". Dabei wurde jedoch primär Immissionsverlagerung durch „Hochschornsteinpolitik" betrieben, die Emissionsminderung an der Quelle, insbesondere bei Großfeuerungsanlagen, folgte erst an nachgeordneter Stelle. Durch die großräumige Verteilung der Kraftwerksemissionen wurden zwar die Industrie- und Ballungsgebiete teilweise entlastet, dafür traten in bisher kaum belasteten Gebieten neuartige und massive Schäden an der Umwelt auf. Wie das Waldsterben besonders drastisch zeigt, sind heute unverzüglich wirkende Maßnahmen notwendig, um Luftschadstoffe wie SO_2, Stickstoffoxide (NO_x) und deren Umwandlungsprodukte, die eine maßgebliche Rolle bei den Waldschäden, aber auch bei den Gesundheitsschäden wie z.B. den Atemwegserkrankungen spielen, drastisch verringern. Die Situation wird sich kurz- und mittelfristig – trotz Novellierung der TA Luft und Inkrafttreten der Großfeuerungsanlagenverordnung (GFAVO) – nicht ändern, zumal diese Regelungen weitgehend in den „alten Bahnen" verbleiben und die „Strukturdefekte" nicht aufheben.

Auch wenn in der letzten Zeit die tagespolitische Diskussion die Entstickung der Autos durch Katalysatoren stärker in den Vordergrund gerückt hat, ist die Umweltbelastung durch Energieerzeugung nach wie vor das *Hauptproblemfeld* der Luftreinhaltepolitik. Für das Jahr 1982 beziffert die vom Umweltbundesamt herausgegebene Publikation „Daten zur Umwelt 1984" die Gesamtemissionen der Schadstoffe SO_2 auf 3,0 Mio t, NO_x auf 3,1 Mio t und Staub auf 700 000 t. Dabei hält die Kategorie „Kraftwerke/Fernheizwerke" beim SO_2 mit 62,1% den ersten und bei NO_x mit 27,7% hinter dem „Verkehr" und beim Staub mit 21,7% hinter der „Industrie" den zweiten Rang bei der Luftverschmutzung.

Hinter der anonymisierenden Bezeichnung „Kraftwerke/Fernheizwerke" verbergen sich als Verantwortliche nur ein Dutzend großer Energieversorgungsunternehmen (EVU), die derzeit einen Jahresausstoß von 1,9 Mio t SO_2, 860 000 t NO_x und 150 000 t Staub verursachen. Die zentrale Rolle spielen neun Verbundgesellschaften, die die Kraftwerke entweder in eigener Regie bzw. mit anderen EVU gemeinschaftlich betreiben oder die Produktion von reinen Verstromern oder Industriekraftwerken als sog. „Bezugsleitung" kaufen. Im Jahr 1982 wurden fast 90% der öffentlichen Stromversorgung von den Verbundgesellschaften produziert bzw. verkauft (vgl. Tabelle im Anhang). Die Rangfolge der EVU nach der Stromabgabe in Kilowattstunden publiziert jährlich die Vereinigung Deutscher Elektrizitätswerke. Eine entsprechende Rangliste bei der Luftverschmutzung durch SO_2 oder NO_x gibt es offiziell nicht. Sie weicht wegen des unterschiedlichen Brennstoffs, der verschiedenen Kraftwerkstypen und anderer Faktoren von der

Rangfolge nach Stromabgabe teilweise ab. Gemessen am Ausstoß von SO_2 im Jahr 1982 sind folgende EVU die größten Luftverschmutzer der Bundesrepublik:

1)	Rheinisch-Westfälisches Elektrizitätswerk (RWE)	718 000 t
2)	VEBA	567 000 t
3)	Preußenelektra (PREAG)	252 000 t
4)	STEAG	250 000 t
5)	VEBA Kraftwerke Ruhr (VKR)	250 000 t
6)	Vereinigte Elektrizitätswerke Westfalen (VEW)	245 000 t
7)	VIAG	242 000 t
8)	Bayernwerk	206 000 t
9)	Braunschweigische Kohlen-Bergwerke (BKB)	145 000 t
10)	Hamburgische Electricitäts-Werke (HEW)	63 000 t
11)	Nordwestdeutsche Kraftwerke (NWK)	60 000 t
12)	Badenwerk	57 000 t

Quelle: „natur", 10/1984

In diese Rechnung sind nicht nur die SO_2-Emissionen durch eigene Stromproduktion und Bezugsleistung eingegangen, sondern auch finanzielle Verflechtungen, weil jede Kapitalbeteiligung eine gewisse Verantwortung für Investitionsentscheidungen bedeutet.

II. Widerstreitende Interessen

In diesem Zusammenhang ist aber auch die Frage zu beantworten, bis zu welchem Grad die vorhandene Besitzstruktur es den Kapitaleignern ermöglicht, die Investitionen der EVU in Richtung auf eine ökologisch vertretbare Stromerzeugung zu lenken. Das Grundkapital der EVU wird in der Regel von privaten und/oder öffentlichen Aktionären gehalten. Dabei ist die öffentliche Hand der mit Abstand einflußreichste Kapitaleigner. Allerdings kann von einer einheitlichen Beherrschung der EVU durch den Staat keine Rede sein, weil die Kapital- bzw. Stimmenmehrheit mal von kommunalen Körperschaften, mal von Bundesländern und mal vom Bund wahrgenommen wird. Durch die Interessenvielfalt der beteiligten Staatsebenen läßt sich über die Kontrollorgane kaum gezielter Einfluß auf Investitionsentscheidungen ausüben. Häufig neutralisieren sich die unterschiedlichen Interessen der einzelnen öffentlichen Kapitaleigner in den Aufsichtsräten der großen Verbundgesellschaften. Die privatwirtschaftliche Orientierung der EVU ist zudem ein Widerspruch in sich: Die volkswirtschaftliche Aufgabe, zu billigsten Preisen Strom zu liefern, ist mit der betriebswirtschaftlichen Zielsetzung, möglichst viel Gewinn zu erzielen, nicht zu vereinbaren. Das Profitstreben der EVU wirkt zudem der Energieeinsparung und ökologischen Energieversorgungskonzepten entgegen. Außerdem sind die öffentlichen Aktionäre ebenso an einer hohen Gewinnausschüttung interessiert wie das private Kapital und zusätzlich durch Einnahmen aus Konzessionsabgaben, Grund-, Gewerbe- und sonstigen Steuern sowie durch ein „kommunalpolitisches Netzwerk" – das bisweilen auch „moderne Form legalisierter Korruption" genannt wird – eng an die EVU-Interessen angebunden.

Während in der Bevölkerung die Sorge vor Umwelt- und Gesundheitsschäden weiter zunimmt und die Gesetzgebung eine schrittweise Eingrenzung des Schadstoffausstoßes aus Kraftwerken anstrebt, versuchen die Stromriesen, den nachträglichen Einbau von Rauchgasentschwefelungsanlagen (REA) mit ihrem Gewinnstreben zu verbinden. Solange die Investitionspläne durch den Bau von insbesondere Kernkraftwerken oder Leitungs- und Übertragungsanlagen eingehalten werden konnten, sind Umweltschutzinvestitionen als überflüssig bezeichnet worden. Aufgrund „freiwilliger" SO_2-Messungen im rheinischen Braunkohlenrevier behaupteten RWE-Ingenieure in diesem Zusammenhang sogar, daß keinerlei Anlaß zur Errichtung von Entschwefelungsanlagen bestünde. Weil aber der stagnierende Stromverbrauch bzw. wesentlich geringere Zuwachsraten als erwartet den weiteren Ausbau von Kraftwerkskapazitäten vorerst überflüssig machen, sind Umweltschutzinvestitionen nun ein willkommener Lückenbüßer, um die Schere zwischen Investitionsplan-Soll und -Ist zu schließen. Umweltschutzinvestitionen eignen sich nicht nur dazu, das demolierte Image der EVU in der Öffentlichkeit zu verbessern, sie bieten auch eine Reihe finanzieller Vorteile: Sie dürfen erhöht abgeschrieben werden und senken somit die Steuerlast, und gelingt es den EVU, sie als Pilot-, Versuchs- oder Demonstrationsanlagen zu erklären, sind sogar zusätzliche Subventionen drin. Die Investitionskosten lassen sich ohnehin auf den Strompreis umlegen.

Spätestens jetzt drängt sich unweigerlich die Frage auf, warum angesichts dieser Situation nicht alle Kraftwerke umgehend entschwefelt und entstickt werden? Die zögerliche Haltung der EVU hat mehrere Gründe: Zunächst sind sie unterschiedlich betroffen. Je höher der Atomstromanteil eines EVU ist, desto stärker ist das Interesse, daß die Betreiber von Stein- oder Braunkohlekraftwerken REA einbauen müssen, weil dann die Kostenvorteile von Kohlestrom schrumpfen. Dieses Interesse besteht auch, wenn der Bau von Kernkraftwerken die Eigenkapitalbasis der EVU so stark beansprucht, daß die Finanzierung von Umweltschutzinvestitionen nur über Fremdkapital möglich wäre. Umgekehrt wehren sich die EVU oder Verstromer mit vielen Kohlekraftwerken gegen die schnelle Nachrüstung mit REA, zum Teil auch, weil sie technisch überholte oder veraltete Kraftwerke vorzeitig stillegen müßten. Doch gerade diese Anlagen sind seit vielen Jahren abgeschrieben und produzieren den „billigsten", aber auch dreckigsten Strom. Mit anderen Worten, das Alter von Kraftwerken bedingt ein betriebswirtschaftliches Interesse der EVU gegen Umweltschutzauflagen. Dem kommt die GFAVO entgegen: Eine „Restnutzung" der alten Kraftwerke bis zu 30000 Vollaststunden ohne jegliche Entschwefelung ist bis 1993 erlaubt. Ein höherer Grenzwert für Ballastkohle mit hohem Schwefelgehalt bevorteilt zusätzlich reine Verstromer wie STEAG, VKR und VSE. Auch die Verbundgesellschaften, die ihrerseits Bezugsstrom von den Verstromern kaufen, haben kein Interesse daran, daß diese sofort REA einbauen, weil das die Stromproduktion verteuert.

III. Marktchancen werden verpaßt

Dann tragen Rivalitäten zwischen der Elektrizitätswirtschaft und anderen Branchen dazu bei, daß keine zügige Umsetzung der GFAVO erfolgt. Das fängt schon bei der Festlegung auf ein bestimmtes Entschwefelungsverfahren an. So stehen die EVU auf dem Standpunkt, daß sie Stromproduzenten und keine Baustofflieferanten sind und behaupten, daß Gips aus REA schlechte Absatzchancen habe. Bei näherem Hinschauen liegt der Schwarze Peter jedoch eindeutig bei den Kraftwerksbetreibern, die nicht dazu bereit sind, die von der Gips- und Zementindustrie geforderten Liefergarantien zu geben. Die Bauwirtschaft räumt neuen Gipsbaustoffen – die direkt am Kraftwerk hergestellt werden könnten – sogar große Marktchancen ein. Auch der Naturgipsabbau ließe sich einschränken. Andererseits ist z. B. das RWE vor allem daran interessiert, die „Restlöcher" der Braunkohletagebaue so weit wie möglich zu verfüllen, da tut es „deponiefähiger" Schlamm natürlich auch.

Bei einem anderen Entschwefelungsverfahren, bei dem als Endprodukt Elementarschwefel oder Schwefelsäure entsteht, dürfte die Konkurrenz mit der Chemischen Industrie die Einführung verzögern, zumal der Prozeß Chemikalien benötigt, die bei der Chemiebranche gekauft werden müssen. Das gilt auch für das Walther-Verfahren mit dem Endprodukt Kunstdünger. Ammoniumsulfat wird vor allem in Entwicklungsländern benutzt, aber natürlich ist die Chemie nicht bereit, ohne weiteres ihr Herstellungsmonopol aufzugeben. Ein weiteres Problem ist der REA-Markt selbst, wobei der Wirkungsgrad der verschiedenen Verfahren zudem recht unterschiedlich ist. Die EVU tendieren dazu, sich an einen Hersteller zu binden. Wer den ersten REA-Auftrag erhielt, bekommt in der Regel auch die Folgeaufträge, egal ob sich die REA bewährt hat oder nicht. Die Produktionskapazitäten sind so groß, daß keine Lieferengpässe auftreten dürften, schon wegen der großen Nachfrage in den USA und in Japan. Dafür sind innovative Rauchgasreinigungstechniken in der Bundesrepublik rar. Anders in unserem nördlichen Nachbarland Dänemark. Mit einer kombinierten Entschwefelung- und Wärmerückgewinnungsanlage werden nicht nur die Schadstoffe effizienter beseitigt, zusätzlich wird noch soviel Brennstoff eingespart, daß die Preise für Strom und Fernwärme gesenkt werden konnten.

Solange die Luftreinhaltepolitik in der Bundesrepublik entsorgungspolitisch ausgerichtet ist und die Kapitaleigner an der umweltschädigenden Stromproduktion kräftig mitverdienen, wird die Umweltbelastung durch den Bau zusätzlicher Anlagen für die alte, technisch teils überholte Produktion bestenfalls Schritt für Schritt abgebaut. Gleichzeitig können die EVU die früher oder später ohnehin erforderliche, weitergehende Entschwefelung und Entstikkung der Kraftwerke unterlaufen und mit ihrem kurzfristigen Gewinninteresse vereinbaren.

Eine ökologisch orientierte Energie- und Umweltpolitik müßte strategisch vorgehen, die Quellen der Luftverschmutzung bei einigen wenigen EVU durch gezielte Investitionsbeeinflussung schließen und dann durch innovative, struktur- und technologiepolitische Lenkungsinvestitionen – verbunden mit Schadstoffabgaben – eine verbraucherfreundliche und kostengünstige Luftreinhaltung durchsetzen.

Anhang

Rangfolge der Energieversorgungsunternehmen bei der öffentlichen Stromabgabe im Jahr 1982

Bundesrepublik	*Mrd. kWh*	*davon Atomstrom in%*	*Anteil in %*
insgesamt	312,0	17,3	100,0
1) RWE	119,0	13,3	38,1
2) VEBA	62,6		20,1
davon PREAG	*21,7*	*33,3*	
NWK	*23,1*	*45,5*	
VKR	*17,8*	–	
3) VEW	25,8	–	8,3
4) Bayernwerk	22,8	23,9	7,3
5) Badenwerk	15,0	34,5	4,8
6) EVS	13,4	24,5	4,3
7) HEW	12,8	29,1	4,1
8) STEAG	12,6	–	
9) BEWAG	7,6	–	2,4

Quellen: VDEW Statistik 1982; Geschäftsberichte der Unternehmen

Freimut Duve

Erst stirbt der Baum, dann stirbt der Boden. Skizzen für eine neue Umweltpolitik

Der Boden, die dünne Krume über dem Mineralgerüst unserer Erde, ist bedroht. Die Tragödie der Wälder in der ČSSR heute und unserer Wälder morgen, wo man kilometerweit an kahlen Baumgerippen vorbeifährt, sind nicht nur die gestorbenen Bäume: Die Tragödie ist der tote, in Wüste verwandelte Waldboden. Bäume könnte man wieder anpflanzen, das vielfältige sensible Gebilde Waldboden ist durch niemanden und keine Technik der Welt künstlich wieder herzustellen. Erst stirbt der Baum, dann stirbt der Boden. Unsere Sprache hat das schöne Wort Erdreich. Dieses Erdreich ist bald arm an Lebenskraft und reich an tödlichen Giften, die wir, zur Beruhigung, immer noch „Schadstoffe" nennen. Die historisch kurze Industriezeit von knapp 200 Jahren hat den Boden nie als ökologisch sensibles Gebilde verstanden, sondern im wesentlichen als Rohstofflieferant oder als Müllkippe. Merkwürdigerweise geht mit diesen 200 Jahren Industriegeschichte einher auch die Wissenschaftsgeschichte, die solche Betrachtung gefördert hat. Naturwissenschaft mußte Naturvorgänge für das Labor künstlich segmentieren, mußte den Blick auf das Ganze, auf die Kreisläufe verstellen. Die Krise – und vielleicht morgen die Katastrophe – unserer Böden zwingt uns nun nicht nur, sorgsamer mit dem Boden umzugehen, sondern auch genauer hinzusehen: Die segmentierende, auf Nutzbarkeit und Ausbeutung angelegte naturwissenschaftliche Betrachtung muß dem Blick auf ökologische Zusammenhänge weichen.

Die Gefahr besteht, daß wir umweltpolitisch durchaus die für den Kreislauf richtigen Forderungen stellen, daß wir auf der Seite der Naturwissenschaftler aber nicht die entsprechenden Gesprächspartner haben. Denn die ökologisch orientierten Chemiker z.B. oder die von der Ökologie her kommenden Biologen sind nach wie vor rar. Sie sind auch in der Wissenschaftshierarchie, die ja sowohl in der Industrie wie in der Politik eine besondere Bedeutung hat, nicht sehr hoch angesiedelt.

Parallel also zu unserem Kampf um ökologisches Verhalten der Natur gegenüber müssen wir Politiker auch den wissenschaftlichen Streit über ökologisch orientierte Naturbetrachtung beachten.

Wissenschaftsgeschichtlich befinden wir uns wahrscheinlich in der Vorstufe zu einer Neuen Aufklärung, analog den Diskussionen im 17. und 18. Jahrhundert, die die neuen Erkenntnisse, die damals durch Mikroskop und Teleskop möglich wurden, gegen die alten Wissenschaftsbegriffe erst durchsetzen mußten. (Der Altonaer Arzt und spätere dänische Minister Struense mußte sich gegen seine Zunft zur Wehr setzen, die immer noch glaubte, ansteckende Krankheiten würden am besten geheilt, wenn man die Kranken zusammenlegt).

Falsche Naturwahrnehmung bedingt fahrlässigen oder gemeingefährlichen Umgang mit ihr. Der Fall Stoltzenberg in Hamburg hat gezeigt, wie Giftwaffen tragende Soldaten zweier Weltkriege verantwortungslos Gifte, die sie kannten, verscharrt haben. Nirgends hat die Wehrmacht 1945 hinterlassen, wo sie ihr Gift bei Beendigung des Krieges gelassen hat. Noch heute sind alle Gebiete des ehemaligen deutschen Reiches potentielle Fundstellen für Giftstoffe aus dem Zweiten Weltkrieg. Wenn Bund, Bundesländer und Gemeinden heute Kataster aller Gift-, Spreng- und Kampfstofflager aufstellen müßten, so würden sie sich an diese Fahrlässigkeit deutschen Militärpersonals mit Schaudern erinnern. Aber es geht nicht nur um militärische Hinterlassenschaften, es geht vor allen

Dingen um die unzähligen Deponien, auf denen früher ungesetzlich, oder wenn gesetzlich, dann unsachgemäß gelagert wurde. Die Dioxinfunde in Hamburg-Georgswerder sind der dramatische Hinweis auf Lagerstätten des chemischen Krieges gegen die Natur. Die arsenhaltigen Böden in der Umgebung einer Kupferhütte in Hamburg ebenfalls.

Alle Bundesländer und Städte müssen mit gleicher Hartnäckigkeit wie die Hansestadt Hamburg bei sich suchen: Wer sucht, der findet und muß sich dafür öffentlich tadeln lassen; wer nicht sucht und andere anklagt, der heuchelt!

II. Die Verunreinigung des Bodens hat bedrohliche Ausmaße angenommen

Die Bodenschutzpolitik, auf die wir uns verständigen müssen und an der vor allem auch die Landwirte aktiv teilnehmen müssen, kann nur über die Veränderung der Betrachtungsweise zu einer Veränderung des Handelns führen. Denn es gilt Alarmstufe I. Die Verunreinigung der Lebensquelle Boden hat bedrohliche Ausmaße angenommen:

– Rund 7% der Böden sind ökologisch kaputt. Schadstoffe wie Schwefeldioxid, Stickoxide, Cadmium, Arsen, Nitrat oder polychlorierte Biphenyle (PCB) lassen den Boden versauern und haben ihn vergiftet.

– Nach Schätzungen befinden sich mindestens 50000 Altlasten und Deponien im Boden, wobei örtliche Untersuchungen sogar noch höhere Zahlen vermuten lassen.

– Jährlich werden rund 35000 Tonnen Pflanzenbehandlungsmittel und Pestizide sowie rund 3,5 Mio Tonnen Handelsdünger aufgetragen, wodurch die natürliche Funktion der Böden beträchtlich beeinflußt wird.

– Die Luftverunreinigung und damit der Schadstoffeintrag durch Staub und Abregnung in den Boden hat zu einem starken Anstieg der gesundheitsgefährdenden Schwermetalle und Kohlenwasserstoffverbindungen geführt. Allein die Verkehrsemissionen beliefen sich 1982 auf rund 5,4 Mio t Kohlenmonoxid, 0,65 Mio t Kohlenwasserstoffe, 1,62 Mio t Schwefeldioxid, 65800 t Staub und 3500 t Blei.

– Der Zuwachs im Flächenverbrauch hält unvermindert an. Mit 1,89 Straßenkilometer je Quadratkilometer Fläche hat die Bundesrepublik die vierthöchste Straßendichte der Welt. Mit Randzonen beanspruchen die Straßen fast 5% des Bundesgebietes.

Von 1958 bis heute ist die überbaute und versiegelte Fläche um mehr als 60% angestiegen, in den letzten 10 Jahren hatte der jährliche Zuwachs durchschnittlich die Größe des Bodensees.

Hinter diesen globalen Daten steht die konkrete Bedrohung der ökologischen Regelkreisläufe und der menschlichen Gesundheit:

– Die Reinigungs- und Filterfunktion der Böden läßt nach, wodurch das Grundwasser beträchtlich gefährdet wird. (Rd. 72% der Trinkwassergewinnung erfolgt aus dem Grundwasser.)

– Die Art der Bodennutzung hat wesentlich zu einem Rückgang von Pflanzen- und Tierarten bis zu 90% geführt.

– Die Vergiftung der Böden führt zu gesundheitsgefährdenden Schadstoffanreicherungen über die Lebensmittelkette. Es gibt bereits Überlegungen, Ernten aus besonders belasteten Gebieten nur nach Mischung mit anderen Ernten zur Weiterverarbeitung zuzulassen.

III. Eigentum verpflichtet

Alle Maßnahmen zur Rettung des Waldes, alle notwendigen Bemühungen, den Wasserhaushalt wieder in Ordnung zu bringen, müssen Stückwerk bleiben, wenn sich nicht alle privaten und öffentlichen Nutzer und Verschmutzer des Bodens zu einer gemeinsamen Jahrhundertanstrengung zusammenschließen. Nirgends muß das Verfassungsprinzip „Eigentum verpflichtet" jetzt und sofort so radikal in ökologische Verpflichtung umgesetzt werden wie beim zumeist privat genutzten Boden.

In der Bodenschutzpolitik müssen dringend folgende Prinzipien umgesetzt werden:

– Wo Verursacher von Bodenvergiftungen dingfest gemacht werden können, muß das Verursacherprinzip bei sogenannten Altlasten greifen.

– Wo die Verursacher nicht mehr festzustellen sind, muß das Gemeinlastprinzip gelten.

– Für alle übrigen Bodenschutzmaßnahmen ist die strikte Anwendung des Verminderungs- und Vorsorgeprinzips erforderlich.

Ein umfassender Bodenschutz muß folgenden Zielen gerecht werden:

– Giftige Altlasten müssen unter Beteiligung der Öffentlichkeit systematisch erfaßt, bewertet und saniert werden. Für die Sanierungsmaßnahmen müssen bei den Betreibern von Deponien Rücklagen gebildet werden.

– Zum Schutz des Bodens müssen feste Qualitätsziele vorgegeben werden. Der Giftstoffeintrag muß über die Vorgabe maximaler Emissionsmengen bzw. einer stufenweisen Verringerung auf ein erträgliches Maß gebracht werden.

– Ein Schadstoffabgaberecht (insbesondere für die Luftverunreinigung) muß mit diesen Qualitätszielen abgestimmt werden und die Einführung emissionsarmer Produktionstechniken begünstigen.

– Der Düngemittel- und Pestizideinsatz muß verringert und auf ökologisch verträgliche Methoden umgestellt werden. Die Landwirtschaftsklausel ist neu zu fassen (Schluß mit Gülle und Nitrat im Grundwasser).

– Auch zum Gewässerschutz sind Qualitätsziele verbindlich festzuschreiben, der Grundwasserschutz durch das Wasserhaushaltsgesetz neu zu regeln und die Abwasserabgabe zu erweitern und deutlich zu erhöhen.

– Einführung einer Verbandsklage in das Naturschutzrecht.

– Der Flächenverbrauch muß gestoppt werden, wobei dieser sich durch einen Ausgleich zwischen Renaturierungsmaßnahmen bebauter oder genutzter und neu in Anspruch genommener Flächen mittelfristig global nicht erhöhen darf.

– Wichtig sind vorrangige Nutzung von Baulücken, flächensparendes Bauen, Korrekturen in der Verkehrspolitik und die Ausweitung und strikte Sicherung von Naturräumen (insbesondere Moore, Flußauen, Wassereinzugsbereiche, Wattenmeere und Dünenlandschaften).

– Einführung obligatorischer Umweltverträglichkeitsprüfungen vor Planungsentscheidungen.

IV. Weiterentwicklung der Abfallbeseitigung

Von besonderer Bedeutung für den Bodenschutz ist die Weiterentwicklung der Abfallbeseitigung zur Abfallwirtschaft. Trotz verstärkter Anstrengungen seit dem Abfallbeseitigungsgesetz von 1972 ist es nicht gelungen, rohstoffsparende und abfallmindernde Verfahren zu finden, die das schnelle Anwachsen der Müllberge aufhalten konnten. Die Fakten aber sind beängstigend:

– Der Müll-Haufen in der Bundesrepublik wächst jährlich um rund 8 Prozent.

– Produktionsspezifische Abfälle und Schlämme haben sich von 1975 bis 1980 verdoppelt, Bodenaushub und Bauschuttmengen haben sich verdoppelt – von ca. 22 Mio auf ca. 45 Mio Tonnen.

– Seit den fünfziger Jahren hat sich der Hausmüll verfünffacht. Jährlich fällt allein aus diesem Bereich eine Menge an, mit der sich ein Güterzug in der Länge von Berlin bis Mittelafrika füllen lassen soll.

– Der gesamte Abfall der Bundesrepublik wird derzeit auf ca. 500 Mio Tonnen im Jahr geschätzt.

Allein die rund 30 Mio Tonnen aus Siedlungsabfällen landen direkt oder indirekt (über Verbrennung) auf Deponien, die Verwertungsrate (Recycling) ist gering.

Das bestehende System der Müllbeseitigung krankt daran, daß es letztlich immer noch auf dem Wegwerfprinzip beruht, was die Umwelt und besonders die Böden unvertretbar belastet. Eine umweltverträgliche Abfallwirtschaft muß deshalb folgende Hauptziele verwirklichen:

– Einsparung von Rohstoffen und Energie,

- Verringerung des Deponieraums,
- Reduzierung der Schadstoffbelastung der Umwelt und
- Erhöhung der Wiederverwertungsquote.

Für die weitere Entwicklung der Abfallwirtschaft sind quantitative Zielwerte vorzusehen, die in bestimmten Zeiträumen erreicht werden müssen, z. B. Minderung des Abfalls von Müll durch Vermeidungsstrategien bis 1990 um 20 Prozent. Innerhalb eines festgelegten Zeitraumes sind Abfallwirtschaftspläne zu erstellen, in denen die nationalen Zielwerte umgesetzt werden. Die Einhaltung der Eckdaten ist durch eine Abfallwirtschaftsstatistik zu überwachen.

In einer technischen Anleitung Abfall muß sichergestellt werden, daß z. B. Stoffe, die PCB und andere chlorierte Kohlenwasserstoffe enthalten, als Sonderabfall behandelt werden.

Vermeidung und Verwertung haben Vorrang vor der Beseitigung. Bereits bei der Genehmigung von Produktionsanlagen muß die Abfallvermeidung und Abfallbeseitigung zu einem Genehmigungskriterium werden, durch Einführung einer Abfallverträglichkeitsprüfung.

Durch schadstoffhaltige Produkte wird die Umwelt auf den verschiedenen Emissionspfaden – Wasser, Boden und Luft – stetig und dauerhaft belastet.

Diese Tatsache führt oft zu erst spät erkennbaren Schäden und zu kostspieligen Altlastproblemen, für die die Allgemeinheit aufkommen muß. Es soll daher auf Problemstoffe (z. B. Batterien und Lösungsmittel) eine Schadstoffabgabe erhoben werden. Deren Aufkommen soll u. a. der Finanzierung eines Fonds zur Altlastsanierung (analog dem amerikanischen „Superfund") dienen.

Die Verwendung von Einwegbehältern für Getränke ist stufenweise drastisch einzuschränken.

Die Einführung eines Wiederverwertungsgebotes und die Ermächtigung für ein Verbot der Entsorgung von Wertstoffen durch Deponierung oder Verbrennung ist im Abfallbeseitigungsgesetz notwendig.

Die Müllabfuhrgebühr muß so gestaffelt werden, daß ein Anreiz für den Verbraucher zur Verringerung des Abfalls und seiner Verwertung entsteht.

Voraussetzung für die Rückführung von Altstoffen in den Wirtschaftskreislauf ist die Getrenntsammlung. Naßmüll, Wertstoffe und Problemmüll müssen gesondert erfaßt werden.

Wir werden unsere Industrie ökologisch modernisieren müssen. In der Natur kommt Abfall nicht vor! Der Mensch wird nie eine Wirtschaft entwickeln können, die vollständig abfallfrei vorgeht, bei der keinerlei Schadstoffe mehr beseitigt werden müssen. Aber schon ihre Reduktion wäre ein großer Fortschritt. Politisch bedeutet dies, daß ökologische Modernisierung nicht auf die Freiwilligkeit der Beteiligten warten kann. Der Druck, ja die Drohung, daß die Öffentlichkeit bestimmte Produktionsverfahren langfristig nicht mehr dulden wird, ist die Voraussetzung für konkrete Veränderungen bei den Produktionsformen und bei den Produkten. So ist z. B. die Bundesrepublik Deutschland der Welt größter Verbraucher von Cadmium. Anscheinend gelingt es anderen Industrievölkern, auch ohne die gewaltigen Cadmiummengen auszukommen, die bei uns verbraucht werden. Wenn die Industrie nicht freiwillig auf diese Cadmiumnutzung verzichtet, dann muß die Öffentlichkeit, dann muß der Staat bei Gewährung von Umstellungsfristen die Minderung des Cadmiums erzwingen. Das gleiche gilt für viele andere der uns belastenden schädlichen Stoffe. Wenn Formaldehyd im Verdacht steht, Krebs zu erzeugen, dann muß Formaldehyd aus den Materialien, die in Innenräumen verwandt werden, verschwinden. Wenn sich die Industrie diesem Druck der öffentlichen Diskussion, dem Druck des sich verändernden Marktes nicht beugt, dann müssen staatliche Kontroll- und Einwirkungsmöglichkeiten greifen.

Die Umweltpolitik der 80er und 90er Jahre wird zwei Schwerpunkte haben:

1. Die Vermeidung von Schadstoffen schon an der Quelle.

2. Die Beseitigung der gigantischen Hypothek an Altlasten, die ja nicht durch ein Zauberwort, sondern nur durch sehr aufwendige Maßnahmen bewältigt werden kann.

Michael Müller

Das Wasser stirbt wie der Wald – wenn wir nicht handeln

Das Wasser ist eine wichtige Grundbedingung für jegliches Leben. Ohne Wasser ist Leben für Pflanzen, Tiere und Menschen nicht möglich. Wasser ist ein unersetzbares Lebensmittel, Natur- und Landschaftselement, wichtiger Standort- und Produktionsfaktor sowie Transportweg für Güter und Abwässer.

Wasser bedeckt rund ⅔ der Erdoberfläche – das Angebot an Süßwasser ist global gesehen z. Zt. zehnmal so groß wie die Nachfrage. Doch obwohl in der Bundesrepublik das rein mengenmäßig verfügbare Wasserangebot auch längerfristig günstige Voraussetzungen für die verschiedenen Nutzungsansprüche bietet, nehmen die Probleme in der Wasserverteilung und vor allem durch die steigende Verschmutzung in der Wasserqualität zu. Der Vorrat an reinem Wasser wird knapper. Besonders hochgiftige, schwer abbaubare und bio-akkumulative Substanzen, ungezügelte Wasserentnahme, Bodenversiegelungen und Grundwasserabsenkungen gefährden den Wasserkreislauf und damit die ökologischen Lebensgrundlagen nachhaltig. Aber auch der Schadstoffeintrag durch die Luftverschmutzung ist nach wie vor hoch und belastet die Lebensfähigkeit der Gewässer.

I. Oberflächengewässer, Grundwasser, küstennahe Gewässer

Die Belastungen der *Oberflächengewässer* aus Industrie, Gewerbe, Landwirtschaft und Kommunen übersteigen noch immer vertretbare Maße. Der Sauerstoffgehalt als Indikator für die Belastung der Gewässer mit biologisch abbaubaren Stoffen ist nach wie vor oft unausgeglichen. Zwar konnten durch die verstärkte biologische Klärung lokal und sektoral wichtige Fortschritte erzielt werden, doch reichen diese Maßnahmen insgesamt nicht aus, und es drohen Gefahren. Insbesondere Halogen-Kohlenwasserstoffe und Schwermetallverbindungen, gesundheitsgefährdende, insbesondere krebserregende Substanzen, die hauptsächlich aus der chemischen Industrie stammen, können nicht ausreichend beseitigt werden. Sie gefährden zunehmend die Organismen. Zudem entstehen durch die Anreicherung dieser Stoffe im Klärschlamm bzw. im Sediment der Flüsse neue Umweltprobleme. Durch die Kraftwerkswirtschaft sind die Wärmebelastungen für einzelne Fließgewässer erheblich angestiegen, und ebenso bestehen nach wie vor beträchtliche Versalzungen. Außerdem werden die Gewässer durch Regulierungs- und Ausbaumaßnahmen sowie Flußbegradigungen in ihrer Selbstreinigungskraft gestört.

Grundwasser ist das qualitativ hochwertigste Wasser, das uns zur Verfügung steht. Mehr als 70% des Trinkwassers wird hieraus gewonnen. Im Grundwasser macht sich die Verschmutzung stärker bemerkbar. Hinzu kommen Schädigungen vor allem durch alte Müllablagerungen, sorglosen Umgang mit Chemikalien in Betrieben und Haushalten sowie Mineraldünger, Gülle, Pestizide, die in der Landwirtschaft eingesetzt werden. Die tatsächlichen Schädigungen des Grundwassers sind nicht einmal alle erfaßt, da eine systematische Gütekontrolle fehlt. Versiegelungen und Verbauungen der Erdoberfläche verhindern zudem die natürliche Neubildung des Grundwassers. Durch großflächiges Abpumpen zur Senkung des Grundwassers wird vielfach wertvolles Wasser verschwendet, verändert sich dadurch die Vegetation, versiegen Quellen und vermindert sich die Wasserführung in den Flüssen und Bächen. Regional liegt die Grundwasserentnahme schon über der natürlichen Erneuerungsrate.

Die Verschmutzung der Flüsse belastet die *küstennahen Gewässer.* Teilgebiete der Nord- und Ostsee sind in ihrer Lebensfähigkeit bedroht. Das gilt besonders für das Wattenmeer und insbesondere die Salzwiesen an seinem Rand, einem unersetzlichen Lebensraum für existenzgefährdete Pflanzen und Tiere. Rund 100 Milliarden Kubikmeter Wasser mit hohen Schadstofffrachten werden jährlich ins Meer geleitet. Besonders Schwermetalle, Stickstoff, Phosphate und halogenierte Kohlenwasserstoffverbindungen bedrohen die Küstengewässer. Hinzu kommen die Vergiftungen durch die Dünnsäure-Verklappung. Insbesondere die aus Flüssen und Küstengewässern stammende Nahrung, Fische und Muscheln, ist durch Schwermetalle und Chlor-Kohlenwasserstoffe erheblich geschädigt.

Bis zum 19. Jahrhundert war das Wasser häufig Quelle schwerer und tödlicher Krankheiten wie Cholera und Typhus. Durch die Technikentwicklung bei der Wasserver- und Wasserentsorgung konnten diese Gefahren nahezu beseitigt werden. Heute droht das Wasser vor allem durch die industrielle Verseuchung erneut zu einem wesentlichen Verursacher von Krankheiten zu werden. Die Zahl der identifizierten Schadstoffe im Wasser liegt bei rd. 2000. Sie lassen sich in Kläranlagen nur teilweise abbauen und aus dem Wasser herausfiltern, obwohl bei allen Lücken in der Forschung davon auszugehen ist, daß sie die Gesundheit von Menschen und Tieren (z. B. Krebsgefahr, Gesundheitsschäden bei Kleinkindern) erheblich beeinträchtigen. Angesichts dieser erkennbaren neuen Gefahren und der notwendigen Vorsorge für künftige Generationen ist Vorsorge für das Wasser dringend erforderlich, damit nicht dasselbe passiert wie mit dem Wald.

II. Maßnahmen einer neuen Wasserschutzpolitik

Die Bundesregierung hat in den letzten zehn Jahren wichtige Anstrengungen zum Gewässerschutz unternommen. Zu nennen sind beispielsweise die Förderung von wichtigen Investitionen in der Wasserwirtschaft (Rhein-Bodensee-Programm) oder die Novellierung des Wasserhaushaltsgesetzes und das Abwasserabgabengesetz. Bei der Ausfüllung und Anwendung des vorhandenen gesetzlichen Instrumentariums gibt es aber immer ein erhebliches Vollzugsdefizit. Selbst die allgemein anerkannten Regeln der Technik zur Wasseraufbereitung werden oft nicht eingehalten, geschweige denn die technischen Möglichkeiten für eine Wasserschutzpolitik ausgeschöpft.

Die öffentliche Hand hat dafür Sorge zu tragen, daß die Gewässer so bewirtschaftet werden, daß Trinkwasser geschont wird, intakte Gewässerökologie erhalten und für zukünftige Generationen geschützt bleibt. Auf Dauer kann das Wasser nicht zugleich Quelle des Trinkwassers und Müllhalde sein. Ein rationeller und ökologisch verantwortlicher Umgang mit dem Wasser ist notwendig, zumal hierin ein Beitrag zu einem qualitativen wirtschaftlichen Wachstum liegt. Eine entsprechende wasserwirtschaftliche Forschung und Weiterentwicklung kann zukünftig noch weitaus mehr zu einem wichtigen binnen-, außenwirtschaftlichen und entwicklungspolitischen Faktor werden.

Die tragenden Prinzipien der Umweltpolitik, Vorsorgeprinzip und Verursacherprinzip, müssen im Wasserbereich strikt angewendet werden. Vorrangig ist es, Gewässerverunreinigung gar nicht erst entstehen zu lassen und Schadstoffe bereits an ihrem Entstehungsort zurückzuhalten. Wassernutzung und Gewässerschutz müssen die Sicherung der Naturhaushalte zum obersten Ziel haben. Für die langfristige Sicherung hochwertiger Trinkwasserqualität ist es notwendig, gefährliche Substanzen nicht mehr über Produktion und Konsum an die Umwelt abzugeben sowie Herstellung und Anwendung gesundheitsschädlicher, wassergefährdender Stoffe grundsätzlich zurückzudrängen, zumal viele umweltgefährliche Substanzen gar nicht benötigt werden oder ersetzt werden können (Haushaltsreiniger, bestimmte Formen der Papierherstellung).

Der rationelle Umgang mit Wasser ist durch gesetzgeberische, tarifliche und steuerliche Maßnahmen zu fördern. Die Wasserpolitik muß konsequent auf die Einsparung und Sicherung wertvollen Grundwassers ausgerichtet werden. Maßnahmen für eine rationellere und intelligentere Nutzung von Wasser z. B. durch Kreislaufnutzungen sind vor allem im industriellen Bereich vorzuschreiben. Die Sicherung des wertvollen Grundwasservorkommens hat bei konkurrierenden Nutzungsinteressen Vorrang. Dazu sind weitere

Wasserschutzzonen zügig auszuweisen. Die Grundwasserentnahme dient vorrangig der Trinkwasserversorgung und der Herstellung von Gütern, die unverzichtbar auf Wasser in Trinkwasserqualität angewiesen sind. Andere Nutzungen sind dagegen schrittweise zurückzudrängen. Die Grundwasserentnahme darf dabei nicht über die natürliche Erneuerungsrate hinaus erfolgen, damit keine nachhaltigen ökologischen Schäden hervorgerufen werden.

Die Anforderungen an Abwassereinleitungen müssen sich bei nicht abbaubaren Schadstoffen am Stand der Technik und nicht mehr an den allgemein anerkannten Regeln der Technik orientieren, da sonst mögliche Fortschritte bei der Gewässerreinhaltung gehemmt und verzögert werden. Abwasserabgabengesetz und Wasserhaushaltsgesetz müssen für diese Ziele verbessert werden.

Bodenschutz ist gleichzeitig Gewässerschutz. Künftig darf keine Abfallagerung mehr in der Nähe wertvoller Grundwasserbereiche erfolgen. Feuchtgebiete und Einsickerungsbereiche sind dauerhaft zu schützen.

Eine umfassende Öffentlichkeits- und Informationsarbeit zum Schutz des Wassers und für einen rationellen Umgang ist erforderlich, um die Bürger über die Gefahren für den Wasserhaushalt aufzuklären und ihr Verständnis für die notwendigen Maßnahmen zu wecken.

Klaus Matthiesen

Umweltverträgliche Landwirtschaft

I. Grenze der Belastbarkeit erreicht

Intensive landwirtschaftliche Produktionsverfahren mit übermäßigem Einsatz chemischer Hilfsmittel belasten den Naturhaushalt, vermindern die Artenvielfalt und verlängern die Roten Listen gefährdeter Tier- und Pflanzenarten. Die Stickstoff-Bilanz gerät aus den Fugen; der Nitratgehalt im Grundwasser steigt und gefährdet die Trinkwassergewinnung. Flurbereinigung, Gewässerausbau und Wirtschaftswegebau haben die Landschaft ärmer gemacht und den Lebensraum für Pflanzen und Tiere eingeengt. Fremdemissionen von Schwermetallen und anderen persistenten Stoffen bedrohen die Existenzgrundlage der Landwirtschaft durch schleichende Entwertung der landwirtschaftlichen Nutzflächen.

Diese Entwicklungen verlangen dringend nach einer deutlichen Kurskorrektur zu mehr Umweltverträglichkeit der Landwirtschaft. Eine Alternative dazu gibt es nicht. Denn ökonomisch ist langfristig nur durchhaltbar, was auch ökologisch vertretbar ist. Umweltverträgliche Landwirtschaft bewegt sich zwischen den gesamtwirtschaftlichen, insbesondere agrarpolitischen Zwängen einerseits und den unabweisbaren Erfordernissen, den Naturhaushalt im ökologischen Gleichgewicht zu halten, andererseits. Umweltverträgliche Landwirtschaft verlangt deshalb, sich mit der derzeitigen Situation nicht abzufinden; ohne die vermeintliche Idylle längst vergangener Zeiten wieder herbeizusehnen. Umweltverträgliche Landwirtschaft kann letztlich nur bedeuten, die Produktionsverfahren ständig auf ihre Vereinbarkeit mit ökologischen Notwendigkeiten zu überprüfen, sie an ihnen auszurichten und wieder mehr Lebensraum für wildlebende Tiere und Pflanzen zu sichern.

II. Umweltbelastung ist das Ergebnis einer verfehlten EG-Agrarpolitik

Der Kollisionskurs mit der Umwelt ist das Ergebnis der mit der Agrarpolitik der EG gesetzten Rahmenbedingungen, nach denen sich die Landwirtschaft in ihrem wirtschaftlichen Verhalten richtet. Eine deutliche Kurskorrektur bei den Produktionsverfahren in Richtung auf mehr Umweltverträglichkeit setzt deshalb eine Änderung der Rahmenbedingungen zwingend voraus. Aus der Sicht der Umwelt geht es dabei insbesondere um folgende Änderungen:

– Der Agrarpreis muß hinsichtlich seiner Einkommens-Funktion für den landwirtschaftlichen Betrieb neu gewichtet werden. Die jetzige Politik führt zu Maximal-Erträgen und damit besonders umweltbelastenden Produktionsverfahren.

– Die Überschußproduktion in Europa strapaziert nicht nur den Steuerzahler, sondern auch die Umwelt unnötig. Die landwirtschaftliche Produktion muß wegen der mit ihr verbundenen Belastung unseres Ökosystems im wesentlichen auf den Umfang beschränkt bleiben, der zur Versorgung der einheimischen Bevölkerung erforderlich ist.

– Besondere ökologische Leistungen der Landwirte müssen sich lohnen. Das gilt vor allem für die Fortführung extensiver Landbewirtschaftung in benachteiligten Agrarregionen sowie in Gebieten, die aus Gründen des Naturschutzes von einer intensiven Landbewirtschaftung ausgenommen werden müssen. Angesichts der ökologischen Zwänge, in die die Landwirte durch die EG-Agrarpolitik hineingedrängt werden, kann ein freiwilliger Verzicht auf die ökonomisch sinnvolle Wahrnehmung von Produktionschancen nicht ohne weiteres erwartet werden. Deshalb muß das mit dem EG-Programm für benachteiligte Zonen geschaffene Instrumentarium entsprechend weiterentwickelt und ausgebaut werden. Die erforderlichen Finanzmittel müssen durch Abbau der Überschüsse und der dafür benötigten Subventionen verfügbar gemacht werden.

III. Agrarpolitischen Spielraum auf Bundesebene voll ausschöpfen

Eine Änderung der Rahmenbedingungen der EG-Agrarpolitik in Richtung auf mehr Umweltverträglichkeit wird auf Widerstände bei den Partnerstaaten stoßen, weil dort – bis auf wenige Ausnahmen – die Konfliktsituation zwischen Ökonomie und Ökologie noch nicht so offensichtlich geworden ist wie in der Bundesrepublik. Deshalb müssen – parallel zu den Bemühungen auf EG-Ebene – in der Bundesrepublik alle Anstrengungen unternommen werden, die landwirtschaftlichen Produktionsverfahren umweltverträglicher zu gestalten. Der verbleibende nationale Spielraum für derartige Korrekturen ist voll auszuschöpfen. Das gilt vor allem für folgende Bereiche:

– Die zur Zeit laufende Novellierung des Pflanzenschutzrechts muß deutliche Fortschritte zu mehr Ökologieverträglichkeit der chemischen Pflanzenbehandlung zeitigen, und zwar sowohl für die Zulassung neuer Pflanzenbehandlungsmittel als auch für die Anwendungspraxis und -technik im landwirtschaftlichen Betrieb. Der Einsatz von chemischen Pflanzenbehandlungmitteln muß sich konsequent an Schadschwellen orientieren und vorsorgliche und unspezifische Behandlungen sowie überhöhte Dosierungen vermeiden. Der Vorrang von integrierten, insbesondere biologischen Pflanzenschutz-Konzepten ist unabdingbar.

– Der Einsatz von Mineral- und Wirtschaftsdünger hat sich konsequent am voraussichtlichen Entzug der Nährstoffe zu orientieren, um jede Überdosierung und die Gefahr der Auswaschung zu verhindern. Die Düngung darf nicht mehr auf den Maximal-Ertrag, sondern nur auf das Optimum abzielen. Für bestimmte Produkte – z.B. Frischgemüse – sind Grenzwerte für den Nitratgehalt festzulegen.

– Tiergerechte Haltungssysteme und Minimierung des Arzneimittelaufwandes sind die Maßstäbe für eine umweltfreundliche Tierhaltung. Die zur Zeit gebräuchlichen modernen Haltungssysteme werden diesen Maßstäben nicht gerecht. Sie müssen deshalb unter Beachtung der EG-Wettbewerbslage umgestellt bzw. weiterentwickelt werden. Die von den Tierhaltungen ausgehenden Belastungen, insbesondere durch die anfallende Gülle, sind ein begrenzender Faktor für die weitere Ausdehnung intensiver Tierhaltungen. Die Gülleausbringung ist deshalb mengenmäßig und zeitlich so zu beschränken, daß keine Gefährdungen des Grundwassers eintreten können, und eine zugleich ökonomisch sinnvolle Verwertung im eigenen Betrieb erreicht wird. Basis für eine solche Regelung muß eine auf das Abfallbeseitigungsgesetz gestützte Verordnung sein.

– Das Instrumentarium des Bodenschutzes muß der Bedeutung des Bodens als nicht vermehrbarem sozialen Gut und als komplexem Ökosystem gerecht werden. Die Verhinderung von Strukturschäden, die Vermeidung weiterer Schadstoffbelastungen, insbesondere durch Schwermetalle und andere persistente Stoffe, sowie die Verringerung des Landschaftsverbrauchs stehen dabei im Vordergrund. Die Schutzziele sollten Gesetzesrang erhalten.

– Naturnahen (alternativen) Anbauverfahren ist ein höherer Stellenwert in der Agrarpolitik und eine gleichrangige Berücksichtigung bei der Ausgestaltung agrarpolitischer Rahmenbedingungen zu sichern. Entsprechende Produktionsverfahren sind ständig auf ihre Eignung für den konventionellen Landbau zu überprüfen und gegebenenfalls in der breiten landwirtschaftlichen Praxis einzuführen.

Umweltverträgliche Produktionsverfahren erfordern regelmäßig einen umfassenden Wissensstand. Das gilt besonders für die Anwendung integrierter Pflanzenproduktionsverfahren und tiergerechter Haltungssysteme. Die landwirtschaftliche Berufsbildung einschließlich der Hochschulausbildung muß die Basis für die ökologisch bedeutsamen Kenntnisse schaffen und durch Weiterbildung dem jeweiligen Stand der Wissenschaft anpassen. Die Beratung hat die Ergebnisse der wissenschaftlichen Forschung durch Umsetzung in praxisgerechte Vorschläge weiterzugeben und dabei moderne Kommunikationstechniken zu nutzen. Der Aufwand zur Erforschung ökologischer Fragestellungen zur Entwicklung umweltschonender Produktionsverfahren ist außerordentlich hoch und bedarf deshalb eines eindeutigen Vorrangs in der Landbauwissenschaft. Das gilt sowohl für die landwirtschaftlichen Hochschulen als auch besonders für die landwirtschaftlichen Forschungseinrichtungen des Bundes und der Länder.

IV. Gemeinsames Handeln von Landwirtschaft und Naturschutz

Die Mitarbeit der Land- und Forstwirtschaft bei der Sicherung des Naturhaushaltes, der Erhaltung der Artenvielfalt und der Entwicklung einer vielgestaltigen Landschaft ist unverzichtbar. Dafür müssen neue Formen der Zusammenarbeit entwickelt werden, die von der bisherigen Konfrontation zwischen Naturschutz und Landwirtschaft hinführen zu einem konstruktiven Miteinander bei der Ausweisung großflächiger Naturschutz- und Landschaftsschutzgebiete sowie bei Einzelaktionen, die auf freiwilliger Basis teilweise mit öffentlicher Unterstützung angeregt und durchgeführt werden wie z. B. die Sicherung einzelner Biotope, die Entwicklung ökologisch funktionsfähiger Ufer- und Ackerrandstreifen, die Erhaltung von Feldgehölzen und der Schutz von Quellbereichen. Flurbereinigungsverfahren sind verstärkt zur Durchführung von Maßnahmen im Interesse des Naturschutzes und der Landschaftspflege zu nutzen. Die Mitarbeit der Landwirtschaft bei der Durchführung von Landschaftsplänen und Pflegemaßnahmen sollte verstärkt werden; die von der Landwirtschaft erbrachten Dienstleistungen können zur Existenzsicherung beitragen.

Der landwirtschaftliche Berufsstand wäre gut beraten, wenn er von der staatlichen Agrarpolitik nicht nur die Einkommenssicherung der Landwirte, sondern auch die Änderung der Rahmenbedingungen für mehr Umweltverträglichkeit landwirtschaftlicher Produktionsverfahren verlangen würde. Die Sicherung des Bodens als Existenzgrundlage und die Schonung des Naturhaushaltes sind Forderungen im Interesse einer dauerhaften Sicherung der Landbewirtschaftung; sie liegen deshalb zugleich im elementaren Interesse der Landwirte selbst. Der Berufsstand sollte sich deshalb diese Forderungen zu eigen machen und Ziele und Wege zur Durchsetzung von mehr Umweltverträglichkeit gemeinsam mit der staatlichen Agrarpolitik verabreden.

V. Gesellschaftlicher Konsens nur auf der Basis einer umweltverträglichen Landwirtschaft

Die gesellschaftlichen Erwartungen im Hinblick auf eine funktionierende Landwirtschaft einerseits und die Wirklichkeit der in der Landwirtschaft zur Zeit praktizierten Produktionsmethoden andererseits liegen weit auseinander und bergen zunehmend Konfliktstoff. Die Landwirtschaft fühlt sich in ihrem Selbstverständnis als wichtige gesellschaftliche Gruppe bedroht und umweltpolitisch isoliert. Der Verbraucher sieht in der Landwirtschaft nur eine um ihre Existenzsicherung besorgte Berufsgruppe, die die von ihr erwarteten gesellschaftlichen Funktionen nur unzureichend erfüllt.

Diese auseinanderdriftende Entwicklung muß beendet und ein gesellschaftlicher Konsens über die Rolle der Landwirtschaft erreicht werden. Basis dafür kann nur eine umweltverträgliche Landwirtschaft sein; eine Landwirtschaft, die gewillt und bereit ist, sich den gesellschaftlichen Erwartungen zu stellen, nämlich maßgeblich zur Sicherung des Naturhaushaltes und zur Versorgung des Verbrauchers mit gesundheitlich unbedenklichen und qualitativ hochwertigen Nahrungsmitteln beizutragen. Ein gesellschaftlicher Konsens über die Rolle der Landwirtschaft zur Bewältigung ihrer unzweifelhaft vorhandenen Probleme ist nötig, Basis auch für die weitere Bereitschaft des Steuerzahlers, öffentliche Finanzmittel zur Sicherung bäuerlicher Familienbetriebe zur Verfügung zu stellen.

Willi Lojewski

Gesunde Umwelt, gesundes Leben und die Landwirtschaft

Es ist nicht strittig: Eine gesunde Umwelt ist die Voraussetzung für gesundes Leben, und nach diesem Grundsatz haben sich insbesondere die Gewerkschaften um eine *gesunde Umwelt am Arbeitsplatz* bemüht. Niemand spricht heute mehr von der Drescherlunge in der Landwirtschaft. Elektronisch gesteuerte Mähdrescher mit einem ausgeklügelten Kabinenlüftungssystem haben diese Umwelterkrankung am landwirtschaftlichen Arbeitsplatz beseitigt.

Allerdings sind mit den neuen Technologien neue Risiken in der Arbeitsumwelt entstanden oder drohen – wie bei der Biotechnologie – zu entstehen. Nicht selten reicht dieses Risikopotential über den Arbeitsplatz, über die Arbeitsstätte hinaus. Der Einsatz von Pflanzenbehandlungsmitteln ist nicht mehr nur ein Anwender-, sondern auch ein Umwelt-, Natur- und Verbraucherschutzproblem. Auch von daher kommen auf die Gewerkschaften erweiterte Verantwortlichkeiten zu. Der klassische Arbeitsschutz bedarf – letztlich auch im Interesse der Gesundheit der Arbeitnehmer – der Ergänzung um „Umweltschutz außerhalb der Betriebsstätte“.

I. Umwelt und Krankheit

Wie immer, wenn es um kritische Fragen geht, läßt uns die Statistik im Stich. So wenig, wie es eine brauchbare Einkommens- und Vermögensverteilungs-Statistik gibt, so wenig verfügen wir über gesicherte und bundesweit aufbereitete Statistiken zu umweltbedingten Erkrankungen. Aber immerhin gibt es qualitative Angaben der Krankheitsstatistik. So ist die Abnahme der Lebenserwartung vor allem auf fünf Krankheiten bzw. Krankheitsgruppen zurückzuführen: Infarkt, Bronchitis, Karzinome der Lunge und Bronchien und Verdauungskrankheiten. Man mag diese auf ein verfehltes Konsumverhalten oder auf den psycho-sozialen Streß zurückführen, aber spielen die Belastungen der Umwelt nicht ebenfalls eine Rolle? Einfach von der Hand weisen läßt sich ein solcher Zusammenhang nicht, ebensowenig wie die Tatsache, daß die Zunahme der Allergie-, Atemwegs- und Krebserkrankungen auf Umweltbelatungen – wenigstens teilweise – zurückgeführt werden kann.

Vor diesem Hintergrund gewinnt der Umweltschutz eine ganz neue Bedeutung; er wird zur Gesundheitsvorsorge auch dann, wenn wir über die letzten Verästelungen komplizierter Kausalzusammenhänge noch keine endgültigen, wissenschaftlich untermauerten Erkenntnisse vorliegen haben. Der Grundsatz des Arbeitsschutzes – „Im Zweifel für die Gesundheit" – *muß* die Ergänzung erfahren: „Im Zweifel für den Umweltschutz!"

Die Parallelen zwischen Arbeits- und Umweltschutz sind offenkundig. In nicht wenigen Fällen wurden die Ansprüche der Arbeitnehmer an eine gesunde Arbeitsumwelt betriebswirtschaftlichen Argumenten untergeordnet. Maßnahmen zum Umweltschutz stoßen heute auf das gleiche Argumentationsmuster. Wer sich darüber wundert, mag vielleicht vergessen oder noch nie erkannt haben, daß im wesentlichen das Konkurrenzprinzip diese Wirtschaftsordnung bestimmt, und daß niedrige Produktionskosten einen Konkurrenzvorteil bedeuten, der kurzfristig auch Arbeitsplätze erhält. Aber wie beim Arbeitsschutz das mittel- und langfristige Überlebensinteresse letztlich entscheidend ist, so muß sich der Umweltschutz durchsetzen.

II. Landwirtschaft und Umwelt

Wie kaum ein anderer Sektor geht die Landwirtschaft mit Umwelt um; sie nutzt den Boden als Produktionsmittel und hat damit Einfluß auf das Grundwasser. Die Landwirtschaft produziert in der Umwelt Nahrungsmittel, die der Bevölkerung zur Verfügung gestellt werden. Gezielt erzeugte Umweltbestandteile (Pflanzen/Tiere) landen jeden Tag auf den Küchentischen der Bevölkerung. Es ist daher verständlich, daß neben den Luft- und Wasserbelastungen durch die Industrie auch immer wieder die Landwirtschaft ins umweltpolitische Gerede kommt, zumal die Qualität der Nahrungsmittel – häufig auch eine Funktion industrieller Emissionen – einen sehr einsichtigen Einfluß auf die Gesundheit des Menschen besitzt. Dieser Diskussion um den Zusammenhang „Gesunde Umwelt – umweltverträgliche Landwirtschaft – gesunde Nahrungsmittel“ muß man sich stellen. Niemand entläßt die Gewerkschaften aus dieser Verantwortung; erst recht kann sich eine Landarbeitergewerkschaft nicht drücken.

Die Liste der ökologischen Sünden der landwirtschaftlichen Erzeugung ist lang. Wichtige Biotope fielen der Agrarproduktion zum Opfer, eine in manchen Regionen verstärkt zu beobachtende falsche Düngung hat das Grundwasser belastet, eine unsachgemäße Anwendung von Pflanzenbehandlungsmitteln hat zu Belastungen der Fauna und Flora, zuweilen auch von Nahrungsmitteln geführt, die intensive Tierhaltung gerät zunehmend an emissions- und tierschutzrechtliche Grenzen, und die prophylaktische Medikation und die Anwendung von „Masthilfen“ sind schon aus Verbraucherschutz-Gründen eine bedenklich zu nennende Praxis geworden.

Hinzu kommen Immissionen; der „saure Regen“ wäscht Schwermetalle aus, Luftverunreinigungen anderer Art erhöhen nicht eben die Nahrungsmittelqualität, und persistente Stoffe haben sich im menschlichen Organismus so weit angereichert, daß sie – wie z. B. chlorierte Kohlenwasserstoffe – auch in kleinen Dosen nicht mehr in Nahrungsmitteln enthalten sein dürften.

Auch wenn es richtig ist, vor Panikmache zu warnen und grundsätzlich festzustellen, daß die Landwirtschaft nach wie vor unbedenkliche Nahrungsmittel herstellt (wie entsprechende Untersuchungen auch zeigen), so ist es doch angebracht, über die angeschnittenen Probleme und über Lösungsmöglichkeiten nachzudenken, bevor eine sich verselbständigende Diskussion zu unter Umständen falschen Lösungsansätzen führt, die in der Sache nicht weiter helfen. Und diese Gefahr ist bei allen Parteien gegeben.

III. Dialog über umweltgerechte Landwirtschaft führen

Wie in der übrigen Wirtschaft unterliegt der Produzent in der Landwirtschaft dem Wettbewerb, d.h. er wird den Versuch unternehmen, möglichst kostensparend zu erzeugen. Dieser Prozeß hat in der Vergangenheit zu einer immer intensiveren landwirtschaftlichen Produktion geführt. Die zunehmende Intensivierung ihrerseits wurde durch die Bereitstellung immer neuer Maschinen, immer wirkungsvollerer Pflanzenbehandlungsmittel und Düngungskonzepte, neuer Haltungs- und Anbauverfahren durch Industrie und Agrarwissenschaften ermöglicht.

Dabei neu auftretende (Umwelt-) Probleme wurden durch angemessene technische Entwicklungen – z.B. Filter gegen Geruchsemissionen von Ställen – teilweise beseitigt; aber eben nicht alle Probleme ließen und lassen sich auf diese Weise lösen. Die Fortschrittsgläubigkeit, der auch gerade Arbeitnehmerorganisationen anhängen, weil nur Zuwächse, niemals aber Vermögen zur Umverteilung gelangen, mag zur Überzeugung geführt haben: Auch die Umwelt werde sich sanieren lassen. Und in der Tat sind die meisten definierbaren Umweltprobleme in der Landwirtschaft technisch, d.h. mit Hilfe von Ge- und Verboten lösbar. Allerdings mangelt es an entsprechenden Vorgaben. Erst langsam kommt eine emotionsfreiere Auseinandersetzung um umweltrelevante Auswirkungen der Agrarproduktion zum Tragen. Verbraucher-, Umwelt- und Naturschutz- und Bauernverbände müssen den Dialog erst wieder lernen – über Züchtungsziele, über Haltungsformen in der Tierproduktion oder über die Ressourcen schonende Anbauverfahren. Von diesem Dialog und den daraus zu ziehenden Konsequenzen werden mehr Impulse für eine umweltgerechtere Landbewirtschaftung ausgehen als von Skandalmeldungen der Medien. Nur: Dieser Dialog will organisiert sein.

Mit der Überproduktion in der europäischen Landwirtschaft ist selbstverständlich ein Mehrbedarf an Vorleistungsgütern (Pflanzenbehandlungsmitteln, Energie, etc.) verbunden, der letztlich unsinnig die Umwelt belastet. Diese im Grundsatz richtige Erkenntnis hat viele dazu verleitet, der Landwirtschaft die Produktion von „Umwelt und Natur" anzuempfehlen, so als ob Umwelt und Natur der Produktion bedürften. Kleinlandwirte sollen aus umweltpolitischen Gründen besonders gefördert werden, heißt es, so als ob sie nicht der Konkurrenz zum Nachbarn und damit nicht dem Zwang zur Intensivierung unterlägen. Arbeitnehmer sehen diese Forderungen nicht ohne Sorge. Sie sind es letztlich, die als Steuerzahler oder Verbraucher die Zeche für eine Politik zahlen müßten, die dem Umwelt- und Naturschutz überhaupt nichts, dem einzelnen Landwirt aber ein ebenso unberechtigtes wie zusätzliches Einkommen bringt.

Umweltschutz als Alibi für eine neue Bauernschutzpolitik liegt nicht im Interesse der Arbeitnehmer. Zwar gibt es Berührungspunkte, die Absicherung einiger wertvoller Feuchtbiotope sollte sich die Gesellschaft etwas kosten lassen, aber nicht der Besitz jeder heute landwirtschaftlich genutzten Fläche kann einen Anspruch auf besondere staatliche Transferleistungen begründen. Umweltpolitik ist kein Ersatz für eine heute überfällige, sozial gerechter gestaltete Agrarpolitik. Auch in der Landwirtschaft sollte vielmehr die Reihenfolge der umweltpolitischen Prinzipien eingehalten werden: Zunächst gilt das Vorsorge-, dann das Verursacher- und erst dann, im Notfalle das Gemeinlastprinzip. Dafür hat sich nicht nur die Gewerkschaft Gartenbau, Land- und Forstwirtschaft (GGLF)[1], sondern auch der Deutsche Gewerkschaftsbund[2] ausgesprochen.

IV. Zur Verantwortung der Arbeitnehmer und ihrer Gewerkschaften

Umweltpolitische Diskussionen lassen sich immer dann trefflich führen, wenn sie den oder die „Anderen" berühren. Auch deshalb soll hier die Verantwortung der Arbeitnehmer und ihrer Gewerkschaften nicht verschwiegen werden.

Die sachgemäße Ausbringung von Pflanzenbehandlungsmitteln, die Beachtung der Karenzzeiten oder die tierschutzkonforme Behandlung von Tieren liegt auch im Verantwortungsbereich landwirtschaftlicher Arbeitnehmer. Hier mag es zuweilen Bewußtseins- und insoweit auch Schulungsdefizite geben; an ihnen kann innergewerkschaftlich gearbeitet werden. Aber was nützt das beste Bewußtsein, wenn die Handlungs- und Mitbestimmungsmöglichkeiten im Betrieb oder auf überbetrieblicher Ebene – zum Beispiel in den Landwirtschaftskammern – weitgehend fehlen? Es gehört daher zu den vordringlichen Aufgaben gewerkschaftlicher Umweltschutzpolitik, dem wachsenden Umweltbewußtsein Entfaltungsmöglichkeiten zu schaffen.

Schulung und Mitbestimmung der Arbeitnehmer können helfen, den riesigen umweltpolitischen Spielraum auszuschöpfen, der heute zwischen Vollzugsdefiziten einerseits und der Grenze möglicher Wettbewerbsverzerrungen gegenüber den europäischen Mitkonkurrenten andererseits besteht. Daher ist internationales Engagement gefordert. Es liegt weder im umwelt- noch im beschäftigungspolitischen Interesse, Produktionen national zu begrenzen und sie auf diese Weise ins Ausland zu verlagern.

Hier eröffnen sich für die Gewerkschaften neue Betätigungsfelder: Internationale Solidarität in Sachen Umweltschutz steht auf der Tagesordnung. Erste Ansätze – z. B. bei den Landarbeitergewerkschaften in Ost und West – wurden bereits erprobt. So berieten ost- und westeuropäische Landarbeitergewerkschaften über die agrar-, umwelt-, verbraucher- und gesundheitspolitischen Konsequenzen der Mechanisierung und des Einsatzes chemischer Mittel in der Landwirtschaft zum ersten Mal in Genf, bei der Internationalen Arbeitsorganisation (ILO) 1981 und verabredeten u. a. nationale Initiativen zur Begrenzung des Einsatzes von Pflanzenbehandlungsmitteln.

Diese vorsichtigen Versuche der notwendigen Internationalisierung der Umweltdiskussion mögen nicht unmittelbar wirksam sein. Aber es gibt zu ihnen letztlich keine Alternative, denn einen Ausstieg aus der internationalen Wirtschaftsordnung – wie zuweilen unverantwortlich empfohlen – kann es nicht geben.

Wir Gewerkschaften lassen uns gerne in die umweltpolitische Pflicht nehmen, es geht ja um die Überlebensgrundlagen der Arbeitnehmer und der folgenden Generationen. Wenn umweltpolitische Auseinandersetzungen nicht konfliktfrei verlaufen, dann ist das eher Ausdruck verantwortungsvollen Handelns als Anlaß zur Resignation und zu polemischen Schuldzuweisungen. Gesunde Umwelt – sie ist eine unteilbare Welt. Sie kommt allen zugute!

Anmerkungen

1 „Die Nutzung von Bodeneigentum im Rahmen der landwirtschaftlichen Produktion begründet eine soziale Verpflichtung; den Erfordernissen des Umwelt- und Naturschutzes ist auch in der Landwirtschaft Geltung zu verschaffen." (Agrarpolitische Leitsätze der GGLF, beschlossen vom 12. ord. GGLF-Gewerkschaftstag in Ruhpolding 1981.)

2 Vgl. DGB-Positionspapier zum Thema „Gesunde Umwelt – umweltverträgliche Landwirtschaft – gesunde Nahrungsmittel" vom 2. Oktober 1984.

Henning Friege

Vorbeugen statt reparieren. Gedanken zur Chemiepolitik

Spätestens seit dem Unglück von Seveso ist das Bild der chemischen Industrie als einer unverzichtbaren, wohltätigen Institution für die menschliche Entwicklung schwer erschüttert. Die naive Fortschrittsgläubigkeit – die immerhin auf greifbaren Erfolgen der Chemie, wie unverzichtbaren Arzneimitteln, künstlichem Dünger usw. beruhte – wurde bei vielen Bürgern industrialisierter Staaten abgelöst durch ein tiefes Mißtrauen, das zwar allzu berechtigt ist, aber nur wenig Positives bewirken kann, weil die Alternativen zur derzeitigen Form der Produktion chemischer Stoffe und ihrer Verwendung nur unzureichend erforscht und auch noch zu wenig publik sind.

Die Zahl der als krebserzeugend angesehenen Arbeitsstoffe hat sich seit 1960 etwa verzwanzigfacht. Die sensibilisierte Öffentlichkeit fragt sich bei Konflikten um Massenchemikalien wie Formaldehyd oder para-Dichlorbenzol, die überall verbreitet sind, immer wieder verblüfft, warum derartige Probleme nicht viel früher auf den Tisch gekommen und längst gelöst sind; immer wieder entsteht bei solchen Skandalen der Eindruck, daß der Staat seine Vorsorgepflicht nicht ernst genug nimmt und für die chemische Industrie die Verantwortung ohnehin spätestens am Fabriktor aufhört. Das Unglück von Bhopal hat erschreckend deutlich gezeigt, daß die Risiken chemischer Produktionen in ausgesprochenen „Chemieländern" wie der Bundesrepublik durch entsprechende Sicherheitsmaßnahmen und fortgeschrittene Technologien zwar weitgehend beherrschbar sind, jetzt aber risikoreiche Produktionsanlagen verstärkt in Ländern der Dritten Welt gebaut werden. Schlimm ist auch der Export bei uns verbotener Pestizide bzw. die

Herstellung längst als problematisch erkannter Stoffe durch Töchter deutscher Firmen in der Dritten Welt und ihre Anwendung durch völlig unzureichend ausgebildete Landarbeiter – wie kann die chemische Industrie es weltweit verantworten, daß jährlich tausende von Menschen an akuten Vergiftungen durch Pestizide sterben?

Ohne die internationalen Aspekte vernachlässigen zu wollen, gilt es jedoch zunächst, für das eigene Land einen Weg zu finden, auf dem „die Chemie“ zur Erhaltung oder Steigerung der Lebensqualität beitragen kann, ihre negativen Auswirkungen aber beherrschbar werden. Die Bundesrepublik als das Land mit der höchsten Chemieproduktion pro Kopf hat hier eine Vorreiterfunktion.

I. Das Versagen der klassischen Instrumente

Die weitgehend medienspezifische Gesetzgebung der 70er Jahre – ein anerkennenswertes Werk sozialliberaler Umweltpolitik – erfaßt beispielsweise keine diffus anfallenden Sonderabfälle wie Lösemittel, Lackreste und Batterien. Nur große Sonderabfallströme können mit dem Abfallbeseitigungsgesetz im Prinzip gelenkt werden – in der Wirklichkeit klaffen aber auch hier riesige Lücken. Das Bundesimmissionsschutzgesetz kann nicht verhindern, daß bestimmte Produkte hergestellt werden, die beim Gebrauch Mensch und Umwelt gefährden, oder daß Sonderabfälle wie das para-Dichlorbenzol plötzlich als angeblich nützliche Chemikalien in den Wirtschaftskreislauf mit anschließender Ausschleusung in die Umwelt eindringen. Der „Immissionsschutz“ gilt für die Produktionsanlagen, vor ihren ordnungsgemäß hergestellten Produkten muß anderswo Schutz gesucht werden. Die durch Abwasserabgabengesetz und Wasserhaushaltsgesetz hervorgerufenen Investitionen in den Bau kommunaler Kläranlagen haben zwar den Flüssen geholfen, viele Chemikalien aus Haushalt und Kleingewerbe landen aber heute im Klärschlamm – eine Verschiebung des Problems zwischen den Umweltmedien Wasser und Boden. Die medienbezogene Gesetzgebung ist das Ergebnis einer „end of pipe policy", sicherlich nach den vorliegenden Erfahrungen nicht das Ei des Kolumbus.

In den letzten Jahren ist uns bitter bewußt geworden, daß wir ein Medium zur Zeit nicht schützen und mit der medienspezifischen Betrachtungsweise auch gar nicht schützen können – den Boden. Der Boden ist „Endstation" für die meisten schwerflüchtigen Stoffe und die Schwermetalle oder persistente organische Verbindungen wie die PCB, viele Pestizide, Weichmacher ... Eine Bodenbelastung ist – mit menschlichen Zeitmaßstäben gemessen – nahezu irreversibel; um so wichtiger ist es, vor Aufnahme einer neuen Produktion über die langfristigen Folgen des herzustellenden Produkts nachzudenken.

Neben den medienbezogenen Umweltschutzregelungen gibt es bestimmte Teilbereiche, die eine produktbezogene Zulassung vorsehen wie das Arzneimittelgesetz oder das Lebensmittelgesetz bezüglich der Lebensmittelzusatzstoffe oder auch das Pflanzenschutzgesetz. Gerade im zuletzt genannten Fall ist eine bedenkliche Lücke zwischen Zulassungsbedingungen und Anwendung zu konstatieren: Bei „bestimmungsgemäßer und sachgerechter Anwendung" darf ein Pestizid (in unserer Gesetzgebung immer noch „Pflanzenschutzmittel" genannt) keine „schädliche Auswirkung" entfalten. Offenkundig ist aber, daß diese bestimmungsgemäße Mittelausbringung nicht kontrollierbar und – wie Umfragen und Erhebungen zeigen – in vielen Fällen auch nicht gesichert ist.[1,2]

Der Schutz des Verbrauchers vor giftigen Chemikalien in Gegenständen des täglichen Bedarfs im Sinne des Lebensmittel- und Bedarfsgegenständegesetzes (LMBG) ist ungenügend – wie läßt es sich sonst erklären, daß beispielsweise zwei Typen von Toilettenreinigern in Umlauf sind, die zusammen verwendet zur Freisetzung von hochgiftigem Chlorgas führen? Im übrigen heben die §§ 30–32 LMBG nur auf humantoxische Substanzen ab, ökologische Belange werden darin nicht berücksichtigt. Als Beispiel sei die Diskussion um Schäden durch Freon-Treibgase an der Ozonschicht genannt.

Die in Bereiche sehr kleiner Konzentrationen vordringende Analytik hat zur Aufdeckung von Spuren der extrem giftigen polychlorierten Dioxine und Dibenzofurane (PCDD u. PCDF) in der Umwelt geführt. Die vorliegenden Ergebnisse deuten daraufhin, daß eine wesentliche Quelle in der Produktion, Verwendung und Beseitigung von Chloraromaten wie Chlorbenzolen und Chlorphenolen zu suchen ist. Auch hier werden die Grenzen der medien- bzw. anwendungsorientierten Gesetzgebung sichtbar: so läßt sich die Abfallfrage hinsichtlich kleinerer diffus anfallender Mengen (Chlorphenole sind u.a. als Holzschutzmittel und Desinfektionsmittel im Einsatz) nicht in den Griff bekommen, noch problematischer wird es, wenn die Dioxine aus den Chloraromaten bei der Müllverbrennung erst entstehen.

These 1: *Die medien- bzw. anwendungsbezogene Betrachtungsweise muß daher durch eine stoffbezogene Beurteilung ergänzt werden.* „Stoff" ist in diesem Sinne die Chemikalie mit ihren Nebenbestandteilen.

Dieser Forderung wurde zwar grundsätzlich mit der Verabschiedung des stoffbezogenen Chemikaliengesetzes (ChemG) im Jahre 1980[3] Rechnung getragen– ähnlich sieht es dank international abgestimmten Vorgehens in den meisten OECD-Ländern aus. Doch hat das ChemG einen gewaltigen Pferdefuß: Hiermit werden im wesentlichen die neu auf den Markt kommenden Stoffe erfaßt, der Zugriff auf die weit über 50000 im industriellen Maßstab hergestellten „Altstoffe" ist jedoch erheblich erschwert.[2] Bislang wurde der einzige Versuch, den „Altstoff-Paragraphen" des ChemG anzuwenden (eine Initiative der hessischen Landesregierung zum Verbot von PCB) im Bundesrat abgelehnt. Die vorhandene Altstoffliste ist im übrigen so „vollständig", daß innerhalb von zwei Jahren nach Inkrafttreten des ChemG praktisch keine Anmeldungen neuer Stoffe erfolgten – die chemische Industrie zehrt von ihren „Altstoffen".

Mit dem ChemG ist nun ein Instrument vorhanden, um die Chemikalienflut stoffbezogen zu steuern; dieses Instrument kann zwar nur zur Abwehr besonders problematischer neuer Stoffe und mittelfristig zur Erfassung einiger Altstoffe dienen, ist aber ein wichtiger Schritt hin zu einer Steuerung der chemischen Produktion. Ist dies abgesehen von der Gefahrenabwehr überhaupt eine staatliche Aufgabe? Ginge es hier nicht um „Chemie", sondern um eine beliebige andere Technologie, so würde sich diese Frage aus der üblichen Praxis beantworten. Bundesregierung und Gewerkschaften haben in den 70er Jahren den Sektor der Technologiepolitik als einen eigenständigen Politikbereich begriffen. Neben den diversen Förderungsprogrammen wie z. B. für neue kommunale Technologien gibt es entsprechende Mittel für wichtige Industriebranchen mit dem Schwergewicht bei denen, die eine „Modernisierung der Volkswirtschaft" nicht aus eigenen Kapitalmitteln erreichen können.[4] Die chemische Industrie in der Bundesrepublik verlangt – zumindest nach außen hin – keine staatlichen Subventionen für die Forschung, sondern erwartet Freiräume für ihre Produktion bei möglichst wenigen hemmenden Rahmenbedingungen.[5] So wird auf der einen Seite, fortgesetzt von der konservativen Regierung, die technologische Entwicklung in einer Reihe von Branchen durch staatliche Subventionen mitbeeinflußt, die Chemie bleibt dagegen weitgehend außen vor.

Die Entwicklung der Gentechnologie, in der chemischen Industrie als Fortsetzung der Biotechnologie auf völlig neuem Niveau zu verstehen, zwingt aber jetzt Regierung und Parlament zur Auseinandersetzung mit chemischer Technologie und ihrer zukünftigen Entwicklung. Wer jetzt noch zögert, die Chemietechnik zumindest partiell staatlicher Steuerung zu unterwerfen, kann mögliche Fehlentwicklungen in diesem Bereich der chemisch genutzten Gentechnik nicht mehr aufhalten.

Während die zur Produktion eingesetzte Technologie in ihren direkten Auswirkungen auf die Umwelt mit Hilfe der einschlägigen Immissionsschutz- und Abfallbeseitigungsregelungen noch einigermaßen gesteuert werden kann, bleiben die möglichen negativen Effekte der hergestellten und in den Verkehr gebrachten Produkte auf die Gesundheit des Anwenders, auf die Umwelt (vor allem bei der Beseitigung) ungeregelt über, oft auch dann, wenn die Chemikalie in einen der Spezialbereiche (z. B. Pestizide) fällt. Die Schaffung des Chemikalienrechts hat mithin den Sinn,[6]

„Regierungen an der Zulassung von Chemikalien vor ihrem Inverkehrbringen [...] zu beteiligen [...], um einen gesellschaftlichen Nutzen aus dem Gebrauch dieser Stoffe zu sichern; dies bedeutet, daß die mit Produktion und Gebrauch verbundenen Risiken minimiert werden müssen, ohne auf den aus der chemischen Technologie erwachsenden Nutzen für die Gesellschaft zu verzichten",

wie es Peter Crawford, seinerzeit als Leiter des Chemie-Departments der OECD für die internationale Harmonisierung der Chemikaliengesetzgebung mitverantwortlich, formuliert.

These 2: *Chemiepolitik ist Bestandteil staatlichen Handelns in Ausfüllung des Vorsorgeprinzips.* Chemiepolitik zielt auf einen sozialen Nettonutzen des Einsatzes chemischer Stoffe ab, wobei Gesundheitsvorsorge, Umweltverträglichkeit und Ressourcenschonung im Vordergrund der Betrachtung des Stoffs in seinem Anwendungsgebiet stehen.

III. Instrumente für Chemiepolitik

Neben dem umfassenden Vollzug des Chemikaliengesetzes gilt es zu prüfen, inwieweit andere Regelungen zur Steuerung der Chemikalienflut genutzt werden können. Dazu gehören beispielsweise die Bedarfsgegenstände-Paragraphen des LMBG und der § 37 des BImSchG, der als Rechtsgrundlage für die Beschränkung der PCB-Anwendung dient. Die Verbesserung des ChemG versteht sich von selbst, um den Zugriff auf die Altstoffe zu erleichtern.

Dem Ausbau bzw. der Nutzung vorhandener direkter Steuerungsinstrumente kann eine Anzahl denkbarer indirekter Instrumente als wirkungsvolle Ergänzung dienen. Aufgrund der Gewinnsituation der chemischen Industrie dürften dabei finanzielle Anreize in Form von Forschungsmitteln usw. weit weniger effektiv sein als Abgaben, die z. B. erhoben werden können

– in Form von Abluftabgaben (in Ergänzung der wirksamer zu gestaltenden Abwasserabgabe),

– als Produktabgaben auf umweltschädliche Güter,

– als Inputabgaben, um beispielsweise billige, aber nicht nachwachsende Rohstoffe künstlich zu verteuern und damit ihren Gebrauch möglichst zu minimieren (z. B. gibt es bei Schwermetallen aufgrund der wirtschaftlichen Lage der Dritten Welt eine riesige Differenz zwischen Preis und Wert),

– in Form von Produktpfändern, um die Recyclingraten von Konsumgütern im Sinne der Umweltvorsorge (Beispiel Altbatterien) zu erhöhen.

Welchen Weg man einschlägt, muß problemorientiert entschieden werden; in vielen Fällen ist das schlichte Produktionsverbot oder die Beschränkung des Gebrauchs bestimmter Stoffe auf wenige, kontrollierbare Bereiche sinnvoll.

Eine wichtige Rolle kann die Abfallbeseitigungsgesetzgebung spielen, indem etwa für die Beseitigung von Sonderabfällen gänzlich andere Bedingungen vorgeschrieben werden, als dies heute noch der Fall ist: Sofern keine vollständige Vernichtung der Abfälle durch Verbrennung möglich ist, kontrollierte Zwischenlagerung in Monodeponien (Hochdeponie) bzw. physikalisch-chemische Aufbereitung des Sonderabfalls zu weniger problematischen Reststoffen. Hier muß aber auf die Gefahr des „Recyclings um jeden Preis" hingewiesen werden. Aktuelles Beispiel hierfür ist die Produktion von Pentachlorphenol (PCP) aus einem Abfall (dem sog. Tetraöl) der Abfallaufbereitung der Lindanherstellung, ein Prozeß, bei dem der Fund massiver Dioxinkonzentrationen zur Schließung des Boehringer-Werks in Hamburg aufgrund von Auflagen der zuständigen Umweltbehörde führte. Durch die Auswirkungen chemischer Stoffe betroffen sind die Arbeitnehmer in der Produktion wie auch die Verbraucher beim Konsum, letzten Endes wir alle durch von Chemikalien in der Umwelt angerichtete Schäden. Der Politik stände es gut an, diese Thematik mit Arbeitnehmer-,

Verbraucher- und Umweltorganisationen zu diskutieren und daraus Schlüsse für detaillierte chemiepolitische Zielvorstellungen zu ziehen. Daß solche Gedanken nur in der hier beschriebenen Spezialisierung, nicht aber grundsätzlich zumindest für die SPD neu sind, mag ein Zitat aus dem beschlossenen Antrag 664 („Grundlagen für ein ökonomisch-ökologisches Gesamtkonzept") von 1979 verdeutlichen (SPD-Parteitag Berlin):

„[...] Umweltzerstörende und sozialbelastende Produktionsverfahren und Produkte (sind) systematisch zu verbieten und abzuschaffen und stattdessen entsprechende Alternativen systematisch zu entwickeln [...] An geeigneten ausgewählten Bereichen sind modellhaft Analysen der Produkte und Produktionsverfahren auf ihre umweltrohstoff-, energie- und sozialbelastende Wirkung hin zu erstellen und zwar bei Herstellung, Gebzw. Verbrauch und Beseitigung."

IV. Kurzfristig anzugehende Felder der Chemiepolitik

Es gibt eine Reihe aktueller Probleme, die kurzfristig angegangen werden müssen. Dazu zählen

– die Erforschung und konsequente Eindämmung der Entstehung hochgiftiger Nebenprodukte in der Herstellung halogenorganischer Verbindungen (z. B. Dioxine bei der Produktion von Chlorbenzolen), ggf. durch Aufgabe der entsprechenden Hauptprodukte,

– der Schutz des Verbrauchers vor z. T. akut toxischen Haushaltschemikalien,[7]

– der Erlaß von Anwendungsbeschränkungen für leichtflüchtige Chlorkohlenwasserstoffe wie Per und Tri, die zu einer nicht mehr übersehbaren Zahl von Grundwasserschäden geführt haben,

– eine neue Philosophie der Zulassung und Gebrauchsregelung für Pestizide im Rahmen der Novellierung des „Pflanzenschutzgesetzes",[2]

– Beschränkung der Verwendung toxischer und langfristig auch nur begrenzt verfügbarer Schwermetalle.[8]

Parallel dazu muß die Diskussion um Ziele und Instrumente der

Chemiepolitik geführt werden, eine Auseinandersetzung die ähnlich der wichtigen Debatte um die Energiepolitik sachlich und mit allen Beteiligten einschließlich der Industrie geführt werden muß. Dies unter der Zielsetzung, umweltpolitische Ziele mit Beschäftigungsmaßnahmen zusammenzubringen.

Anmerkungen

1 Zu diesem Thema vergleiche man die Gesetzentwürfe der Bundesregierung und der Landesregierung Nordrhein-Westfalen vom Februar '83 bzw. Januar '83; siehe auch „Forderungen des BUND an das Pflanzenschutzrecht", BUND-positionen 2, Bonn 1983.
2 Eine Formulierung chemiepolitischer Ziele für den Pestizidbereich findet sich in H. Friege: „Chemiepolitik", BUND-positionen 10, Bonn 1985.
3 Chemikaliengesetz vom 25.6. 80, dokumentiert und erläutert in Umweltbundesamt (Hrsg.): „Umweltchemikalien", Berlin 1980.
4 Siehe z. B. „Modernisierung der Wirtschaft – sichere Arbeitsplätze", Sozialdemokratische Fachkonferenz 25./26.6. 76, Bremen.
5 M. Zimmermann: „Machtfaktor Chemische Industrie", BBU-Verlag, Karlsruhe 1982.
6 J. K. Nichols und P. Crawford: „Managing Chemicals in the 1980's", OECD, Paris 1983.
7 Siehe z. B. Öko-Institut, Katalyse, VUA, BUND (Hrsg.): „Chemie im Haushalt", Rowohlt, Reinbek 1984.
8 Eine Formulierung chemiepolitischer Ziele für den Bereich der Schwermetalle findet sich in H. Friege, U. Kost, F. Claus: „Die tückische Hypothek – Chemiepolitik für Schwermetalle", C. F. Müller, Karlsruhe 1985.

Michael Müller

Vorfahrt für Fußgänger, Bus, Bahn und Fahrrad

I. Das Auto – ein Hauptverursacher der Luftverunreinigung

Seit 1982 sind die Auswirkungen der Luftverschmutzung für die Öffentlichkeit besonders deutlich geworden: ein dramatisches Waldsterben, große Schäden an Gebäuden und Bauwerken und – was allerdings erst langsam ins Bewußtsein rückt – erhebliche Gefahren für die Gesundheit der Menschen.

Im Januar 1985 war es erstmals in der Bundesrepublik so weit, daß für eine Region der Individualverkehr verboten wurde und Fabriken und Kraftwerke ihre Produktion herunterfahren mußten: Im Ruhrgebiet wurde die Smog-Verordnung befolgt und angesichts hoher Schwefeldioxid-, Stickoxid- und Staubbelastungen erstmals sogar die Stufe III ausgerufen. Hätten alle Bundesländer den einmütigen Beschluß der Umweltministerkonferenz zur Herabsetzung der Smog-Werte zum Schutze der Gesundheit beachtet, wären diese weitreichenden Maßnahmen nicht nur im Revier notwendig gewesen.

Für das Rhein-Main-Gebiet, Berlin, norddeutsche Industrieregionen und die Räume Stuttgart und München wurden ähnlich schlechte Werte gemessen.

Langjährige Smog-Forschungen im Großraum London und aus den USA weisen ein gesundheitsgefährdendes Zusammenwirken von Emissionen aus Industrie, Kraftwerken und hohen Kfz-Abgasen bei Inversionswetterlagen nach. Diese Belastungen führen insbesondere bei Kindern, schwangeren Frauen, alten Menschen und Kranken zu Atemwegserkrankungen und Herz-Kreislauf-Schäden. In Berlin weist eine statistisch-epidemiologische Erhebung eine wesentliche erhöhte Krankheitsanfälligkeit und Sterblichkeit an und nach Tagen mit hoher Luftbelastung nach, ein Ergebnis, das durch vergleichbare Studien in anderen Städten bestätigt wurde.

Die Bundesregierung erklärt auf die Bundestagsanfrage „kranke Umwelt – kranke Kinder“, daß sie den Anstieg der Luftschadstoffe durch die Autoabgase als Gefahr für die Gesundheit mit Sorge sieht. In der Tat: der Kfz-Verkehr gehört zu den Hauptverursachern der Luftverunreinigung. Er stößt jährlich rund 1,5 Millionen Tonnen Stickoxide (ca. 50 Prozent der Gesamtmenge), 5,3 Millionen Tonnen Kohlenmonoxide (65 Prozent der Gesamtmenge) und 600 000 Tonnen Kohlenwasserstoffe (39 Prozent der Gesamtmenge) aus.

Eine Minderung des Schadstoffausstoßes durch den Kfz-Verkehr ist dringend erforderlich. Doch durch eine zögerliche Politik wird die Verringerung wie bei den Kraftwerken in die 90er Jahre vertagt. Die Gefahren aber wachsen schneller, so daß nicht nur Tempo-Limit *und* abgasarme Autos erforderlich sind. Generell müssen die verkehrspolitischen Weichen neu gestellt werden:

– Rund ein Drittel der Autoabgase kommt aus Nutzfahrzeugen (Lastkraftwagen und Bus über 3,5 t), aber statt den Güterfernverkehr verstärkt von der Straße auf die Schiene zu verlagern, wird die Deutsche Bundesbahn weiter heruntergefahren und das Streckennetz verringert. Allein eine 50 prozentige Verlagerung des Güterfernverkehrs würde bereits eine Verminderung der Stickoxid-Belastungen um 130 000 Tonnen jährlich bedeuten.

– In Ballungsgebieten haben die Abgase aus Kraftfahrzeugen oft einen Anteil von rund 50 Prozent der Luftverunreinigung. Doch der öffentliche Personennahverkehr wird noch immer nicht konsequent ausgebaut, im Gegenteil: die Finanzprobleme vieler Kommunen schlagen voll auf das Nahverkehrsangebot durch: Strecken werden ausgedünnt oder sogar eingestellt, Fahrpreise erhöht, und notwendige Verbesserungen unterbleiben. Vorrang hat unverändert das Auto, Wohlstandssymbol der Nachkriegszeit, dem Fußgängerbereiche und Radwege weichen mußten und das immer mehr in den Mittelpunkt aller Planungen gerückt ist. Dabei schafft die Pkw-Benutzung in den innenstädtischen Ballungsgebieten oft keine zusätzliche Mobilität mehr.

Fast 60 Prozent aller in der Bundesrepublik zurückgelegten Wege haben eine Distanz unter 3 km. 39 Prozent aller Autofahrten liegen in diesem Entfernungsbereich. Verkehrspolitische Alternativen sind aus vielen Gründen geboten.

II. Die Förderung des Fahrrads als Beitrag für eine umweltgerechte Verkehrspolitik

Seit den 20er Jahren ist die Infrastruktur für den Fahrradverkehr zugunsten des Autos erheblich vernachlässigt worden. Dadurch ist ein erheblicher Nachholbedarf entstanden, zumal seit Mitte der 70er Jahre das Fahrradfahren neue Bedeutung gewinnt. Die Auswirkung der Energiekrise und die Zerstörung der Umwelt brachten neue Einsichten. Mit der Zunahme sozialer Probleme sind heute auch verstärkt wirtschaftliche Gründe für die Benutzung des Fahrrads ausschlaggebend.

Zusammen mit der Verbesserung des öffentlichen Personennahverkehrs ist die Förderung des Fahrrads ein wichtiger Beitrag für eine umweltgerechte Verkehrspolitik. In der stärkeren Berücksichtigung des nicht-motorisierten Verkehrs liegen Chancen für die Verbesserung der Stadtökologie. Die Zurückdrängung der überzogenen Nutzungsansprüche des motorisierten Individualverkehrs bringt mehr Wohn- und Lebensqualität und ermöglicht einen schonenden Umgang mit den Umweltgütern. Beispiele auch in der Bundesrepublik Deutschland zeigen, daß der Rückbau des Straßenraums zugunsten des Fahrrads und der Fußgänger nicht zu einem Zusammenbruch des Verkehrssystems geführt hat. Statt dessen wurde der Lebensraum Stadt verbessert.

Bei einer konsequenten Förderung des Fahrrades in Abstimmung mit dem öffentlichen Personennahverkehr eröffnen sich im Nahbereich große Reserven für ein Umsteigen vom Pkw. Heute aber sind die Voraussetzungen für eine sichere und umfassende Benutzung des Fahrrads trotz verstärkter Förderung in den letzten Jahren noch nicht gegeben.

Dies gilt erst recht für den Bedarf des möglichen Radverkehrs, insbesondere im innerstädtischen Bereich. So ist die seit Mitte der 70er Jahre alarmierende wachsende Unfallzahl die Kehrseite des Radler-Booms, wobei besonders Kinder und ältere Menschen betroffen sind.

Der Förderung des Fahrradverkehrs muß generell im Rahmen einer umweltgerechten Verkehrspolitik größere Bedeutung zukommen. Vorrangig sollte überall ein ausreichendes und leistungsfähiges Angebot im Nahbereich verwirklicht werden, das sinnvoll mit dem Netz des öffentlichen Personennahverkehrs abgestimmt ist. Dazu sind bauliche und verkehrslenkende Maßnahmen zu Lasten des motorisierten Verkehrs notwendig, um den Bewegungsraum und die Sicherheit des nicht-motorisierten Verkehrs insgesamt zu erhöhen. Nur in Ausnahmefällen dürfen neue Fahrradwege zu Lasten des Fußgängers eingerichtet werden, damit es nicht zu einer Konfliktverlagerung von dem schwachen Verkehrsteilnehmer Fahrradfahrer zu dem noch schwächeren Verkehrsteilnehmer Fußgänger kommt.

Der Ausbau des Radwegenetzes ist nach Möglichkeit im Wohnbereich mit Verkehrsberuhigungsmaßnahmen zu verbinden, damit die Straße wieder stärker zum Lebensraum, die Verkehrssicherheit erhöht, Umweltschutzaspekte besser berücksichtigt und historische Bindungen gestärkt werden.

Zur Erreichung dieser Zielsetzung sind Fahrradverkehrspläne in jeder Gemeinde und gemeindeübergreifend für wichtige Streckenverbindungen zu erstellen. Fahrradverkehrspläne sollen folgende Zielsetzungen umsetzen:

- ein weitgehend geschlossenes Netz von Verkehrswegen für Radfahrer,
- sichere Überfahrung von Gefahrenstellen (Kreuzungen, Einmündungen etc.)
- schnelle und direkte Erreichbarkeit zentraler Arbeitsstätten, Verwaltungen, Einkaufszentren, Kulturinstitutionen und Bildungseinrichtungen,
- verkehrslenkende und verkehrsberuhigende Maßnahmen zugunsten des nicht-motorisierten Verkehrs,

– Vorrang für Fahrradfahrer auf den Hauptrouten des Radverkehrs,

– Abstimmung mit den Angeboten des öffentlichen Personennahverkehrs.

Zur Verbesserung der Verkehrssicherheit für Fußgänger und Fahrradfahrer ist zudem eine Geschwindigkeitsbegrenzung auf 30 km/h in reinen Wohngebieten vorzusehen. Insgesamt würde damit eine umweltgerechte Verkehrspolitik in den Städten gefördert und die Benutzungsmöglichkeiten für ein vernachlässigtes Verkehrsmittel verbessert werden.

III. Die fahrradfreundliche Stadt Tilburg

Anfang der 70er Jahre machte die Gemeindeverwaltung der holländischen Stadt Tilburg (180 000 Einwohner) eine Hochrechnung über die voraussichtliche Entwicklung des innerstädtischen Verkehrs bis 1985.

Die Untersuchung kam zu dem Ergebnis, daß rund 15 Jahre später ca. 65 Prozent aller Wege über einen Kilometer mit dem PKW zurückgelegt würden. Dies hätte zur Konsequenz, daß die Stadtentwicklung entscheidend von den Ansprüchen und Interessen des motorisierten Individualverkehrs bestimmt würde. Diese starke Zunahme und Allgegenwart des Kraftfahrzeugverkehrs hätte in Tilburg dazu geführt, daß der begrenzte innerstädtische Raum einseitig vom Moloch Individualverkehr mit allen negativen Auswirkungen für die Lebensqualität in der Stadt geprägt wäre. Beispiele anderer Städte zeigten, daß eine überzogene Motorisierung die Zerschneidung von Wohnquartieren, den Verlust an sozialen Beziehungen, Umweltbelastungen und massive Einschränkungen der Fußgängerrechte zur Folge hat.

In Tilburg jedoch gab es bereits Anfang der 70er Jahre ein hohes Umweltbewußtsein. Die Philosophie des Stadtrates war es, die Erhaltung der Stadthumanität über die ständige Erweiterung des Bewegungsraums für den Individualverkehr zu stellen, ja sogar ihn im innerstädtischen Bereich und in den Wohnquartieren einzuschränken. Die Verwaltung Tilburg entschied sich 1974, unterstützt von den Bürgern, für die Förderung des nicht-motorisierten Verkehrs, für mehr Verkehrsberuhigung in den Wohnbereichen und der Innenstadt sowie für eine Konzentration und Einschränkung der Fahrtwege für den Kraftfahrzeugverkehr. In ihrem damaligen Beschluß legte die Gemeinde ihren Schwerpunkt auf den Ausbau eines Radwegenetzes.

„Die Stadt Tilburg will beispielhaft für die Bewältigung innerstädtischen Verkehrs ein Radwegenetz mit folgenden Zielen ausbauen:

– Sicherheit für den Radfahrer,

– weitgehende Vorfahrt für den Radfahrer an Kreuzungen und Lichtsignalanlagen,

– möglichst Ausschaltung einer Behinderung durch den Kfz-Verkehr,

– Umwandlung von Straßen in Einbahnstraßen, die vom Radverkehr jedoch in beiden Richtungen benutzt werden können,

– Bau einer Fahrradstraße sowie

– Verbot für Moped-Durchgangsverkehr in Wohnvierteln."

Zur Verwirklichung dieser Zielsetzung wurden die Routenwahl für den Kfz-Verkehr erheblich eingeschränkt, in Wohnbereichen und in der Innenstadt Geschwindigkeitsbegrenzungen erlassen, der Straßenraum für den Kfz-Verkehr durch Reduzierung von Fahrspuren oder durch Umwandlung von Straßen in Einbahnstraßen zugunsten eines größeren Bewegungsraums für Fußgänger und Radfahrer eingeschränkt sowie der Parkraum für den Kfz-Verkehr in der Innenstadt verringert und preislich so gestaltet, daß er für Langzeitparker nicht attraktiv ist.

Der Erfolg des Modells Tilburg ist heute eindeutig zu belegen. Der Anteil der Kfz-Fahrten am innerstädtischen Verkehrsaufkommen liegt bei nur 26 Prozent. Dagegen stieg die Fahrradbenutzung auf rund 45 Prozent an. Die Bürger Tilburgs sind mit dieser konsequenten Verkehrspolitik einverstanden, zumal sich die Stadtökologie wesentlich verbessert hat. Heute bestehen in Tilburg sichere Durchfahrtrouten für die Radfahrer (Fietsroute) und an allen stärker befahrenen Straßen gesonderte Radwege und Radfahrstreifen mit zweckmäßigen Kreuzungsregelungen. Letztlich wurde auch die ergänzende Infrastruktur durch die Einrichtung von ausreichenden und gut erreichbaren Einstellplätzen im Stadtzentrum, an zentralen Einrichtungen sowie an Haltestellen öffentlicher Verkehrsmittel und von wetterfesten Unterstellmöglichkeiten für den Fahrradfahrer geschaffen.

Am 8. April 1977 wurde in Tilburg eine Demonstrationsroute für den Fahrradverkehr freigegeben. Auf einer Strecke von 4,5 km wurde eine völlig freie Fahrradstrecke geschaffen, die an allen Konfliktpunkten entweder eine Ampelanlage oder eine Vorfahrtsregelung für die Fahrradfahrer hat. An einzelnen Konfliktpunkten, wie z. B. Haltestellen oder Garagenausfahrten, werden unterschiedliche Lösungsmöglichkeiten zur Erhöhung der Verkehrssicherheit erprobt.

Diese konsequente Förderung des Radverkehrs umfaßt auch:

– flexible Lichtzeichenanlagen, deren Lichtphasen von dem jeweiligen Radverkehrsaufkommen abhängig sind.

– Induktionsschleifen in der Fahrbahn, um damit eine „grüne Welle“ für den Fahrradfahrer zu steuern.

– Begrünung entlang der Radwege.

Bereits direkt nach der Freigabe der Demonstrationsroute wurden täglich über 7700 Radfahrer auf der Strecke gezählt. Eine Zahl, die seitdem ständig angestiegen ist. Tilburg ist ein positives Beispiel für die Zurückgewinnung der Lebensqualität in den Städten, aber das Beispiel Tilburg steht nicht allein. Nicht nur in den Niederlanden, auch in vielen anderen Ländern hat man die Vorteile des Fahrradverkehrs neu entdeckt. Beispielhaft sind die Förderung des Fahrradverkehrs in Parma (Italien), die Velorouten in Zürich, die beispielhafte Fahrradförderung in England, das Fahrrad im Zubringerverkehr zum öffentlichen Personennahverkehr in Japan, die Fördermaßnahmen in den USA sowie die Wiederbelebung alter Fahrradfahr-Traditionen in den skandinavischen Ländern.

Die Autoren

Hermann Bachmaier (1939), Rechtsanwalt in Crailsheim.

Karl Bergmann (1949), Mitarbeiter in der ASH Krebsmühle bei Frankfurt. Mitglied des Vorstandes des Vereins Freunde und Förderer der Ökobank.

Ernst Breit (1924), Vorsitzender des Deutschen Gewerkschaftsbundes.

Dr. *Karl-Heinz Brendgen* (1956), Mitarbeiter am Institut für interdisziplinäre Forschung und Ökologie in Düsseldorf. Mitglied des Vorstandes des Vereins Freunde und Förderer der Ökobank.

Freimut Duve (1936), Verlagslektor, Mitglied des Deutschen Bundestages.

Dr. *Hans-Joachim Fietkau* (1946), wissenschaftlicher Mitarbeiter am Wissenschaftszentrum Berlin.

Dr. *Henning Friege* (1951), Chemiker, Mitarbeiter der Hamburger Umweltbehörde, Mitglied des wissenschaftlichen Beirats des Bundes für Umwelt und Naturschutz Deutschland (BUND).

Prof. Dr. *Ingomar Hauchler* (1938), Professor für Wirtschaftswissenschaften an der Hochschule für Wirtschaft in Bremen, Mitglied des Deutschen Bundestages.

Dr. *Volker Hauff* (1940), ehem. Bundesminister, Mitglied des Deutschen Bundestages.

Jo Leinen (1948), Rechtsanwalt, langjähriger Vorsitzender des Bundesverbandes Bürgerinitiativen Umweltschutz (BBU). Minister für Umwelt im Saarland.

Willi Lojewski (1938), Vorsitzender der Gewerkschaft Gartenbau, Land- und Forstwirtschaft.

Klaus Matthiesen (1941), Minister für Ernährung, Landwirtschaft und Forsten in Nordrhein-Westfalen.

Prof. Dr. *Werner Meißner* (1937), Professor für Volkswirtschaftslehre an der Universität Frankfurt.

Prof. Dr. *Klaus Michael Meyer-Abich* (1936), Professor für Naturphilosophie und Wissenschaftssenator der Freien und Hansestadt Hamburg.

Dr. *Lutz Mez* (1944), wissenschaftlicher Mitarbeiter am Fachbereich Politische Wissenschaft der FU Berlin für Innenpolitik und policy-Analyse im Internationalen Vergleich.

Michael Müller (1948), Mitglied des Deutschen Bundestages.

Rolf Praml (1948), Rechtsreferent im Hessischen Ministerium für Landwirtschaft, Forsten und Naturschutz.

Prof. Dr. *Udo Ernst Simonis* (1937), Professor für Ökonomie an der Technischen Universität Berlin, Direktor des Internationalen Instituts für Umwelt und Gesellschaft des Wissenschaftszentrums Berlin.

Dr. Hartmut Tofaute (1944), wissenschaftlicher Referent für Steuer- und Finanzpolitik am Wirtschafts- und Sozialwissenschaftlichen Institut des DGB (WSI) in Düsseldorf.

Dr. Ing. *Klaus Traube* (1928), z. Zt. Gastprofessor für „Technik und Gesellschaft", TU Berlin.

Lothar Witte (1953), Unternehmensberater, Mitglied des Vorstandes des Vereins Freunde und Förderer der Ökobank.

Buchanzeigen